Esther Kietz

Du weißt, wohin du gehst, mein Kind

14 kostbare Jahre mit Lone

R. BROCKHAUS VERLAG WUPPERTAL

ABCteam-Bücher erscheinen in folgenden Verlagen:

Aussaat Verlag Neukirchen-Vluyn
R. Brockhaus Verlag Wuppertal
Brunnen Verlag Gießen und Basel
Christliches Verlagshaus Stuttgart
Oncken Verlag Wuppertal und Kassel

2. Auflage 1998

© 1997 R. Brockhaus Verlag Wuppertal
Umschlag: Dietmar Reichert, Dormagen
Gesamtherstellung: Breklumer Druckerei Manfred Siegel KG
ISBN 3-417-11119-6
Bestell-Nr. 111 119

INHALT

Das Wunschkind	5
Wenn alles wankt	26
Es ist der Herr!	48
Nur eine kleine Zeit?	59
Kämpfen und Hoffen	72
Freunde	95
Was helfen uns die schweren Sorgen?	110
Sag Ja zu Gottes Wegen!	120
Der Himmel umwölkt sich	135
Wenn sich die Sonne verhüllt	154
Im Tal der Todesschatten	168
Warum sollt' ich mich denn grämen?	186

Das Wunschkind

»Alle Tage waren in dein Buch geschrieben, die noch werden sollten.« (Psalm 139,16)

Im Herbst 1979 verließen wir Schwaben, um bei meiner Tochter Elke und ihrem Mann Hajo in Norddeutschland zu wohnen.

Nach der Vertreibung aus Pommern hatte ich in der reizvollen schwäbischen Landschaft eine zweite Heimat gefunden. Erhard, mit dem ich seit 1971 verheiratet war, nachdem mein erster Mann tödlich verunglückte, ging es seit einiger Zeit gesundheitlich nicht gut. Darum machte er sich Sorgen um seine und vor allem auch um meine Zukunft. Er überlegte, ob es nicht besser wäre, nach Norddeutschland zu ziehen, damit Elke im Notfall nach uns sehen könnte.

Ein Jahr nach meiner Hochzeit mit Erhard hatten meine älteste Tochter Elke und Hajo geheiratet. Sie wohnten jetzt in Hamburg, Hajos Heimatstadt, mit ihrem inzwischen fünfjährigen Sohn Ole. Dort hatten sie auch Roland, den Jüngsten unserer Familie, aufgenommen, während Evi, meine zweite Tochter, bei Rosenheim eine Bereiterlehre machte.

Der Gedanke, in Elkes Nähe zu sein, gefiel mir nur zu gut. Dann könnte ich mein Enkelkind Ole häufiger sehen, nicht nur zweimal im Jahr für wenige Tage!

Als das Haus, in dem wir wohnten, verkauft wurde, hatten wir einen weiteren Anlass, über einen Umzug in nächster Zeit ernsthaft nachzudenken. War das nur ein zufälliges Zusammentreffen? Oder bedeutete es, dass wir diesen zunächst flüchtigen Gedanken in die Tat umsetzen sollten? Konnten wir es als Hinweis von Gott deuten?

Ich telefonierte mit Elke, erzählte ihr von unseren Überlegungen und fragte sie, ob sie und ihr Mann uns helfen würden, in der Umgebung Hamburgs eine Wohnung zu finden. Vielleicht könnten wir ihnen sogar unseren zuteilungsreifen Bausparvertrag zur Verfügung stellen, um damit ein kleines Haus anzuzahlen?

Elke war begeistert und wollte sich mit Hajo, ihrem Mann, sofort auf die Suche machen.

Wenige Wochen später hatten sie bereits etwas Passendes gefunden, und Anfang Oktober zogen wir mit einem lachenden und einem weinenden Auge in ein winziges Dorf, etwa 130 Kilometer von Hamburg entfernt, nahe an der damals noch bestehenden DDR-Grenze.

Elke, Hajo und Roland hatten das alte Haus renoviert und die untere Etage für uns bewohnbar gemacht.

Wir waren allerdings nicht gerade begeistert. Die Landschaft war für unser Empfinden so eintönig, und die Wohnung gefiel uns überhaupt nicht: klein und eng, mit wenig Komfort. Viele unserer Sachen mussten wir zurücklassen. Später sollte das obere Stockwerk ausgebaut und vermietet werden, aber damit wollte Hajo sich Zeit lassen.

Seit einer unvorsichtigen Bewegung während der Umzugsvorbereitungen hatte Erhard starke Rückenschmerzen. Er musste jeden Tag zum Arzt fahren, um sich eine Spritze geben zu lassen. Wir fürchteten schon, dass die Fahrt zum neuen Wohnort zu anstrengend für ihn werden könnte.

Roland, der gerade seinen Wehrdienst ableistete, hatte sich Urlaub genommen, um uns abzuholen. Er fuhr sehr vorsichtig, wodurch die lange Fahrt für Erhard einigermaßen erträglich war. Am Ziel angekommen, erreichte er, von Roland und Hajo gestützt, gerade noch das bereits für ihn aufgestellte Bett, das er während der folgenden Wochen kaum mehr verließ.

Ich war noch mit dem Einräumen unserer Wohnung beschäftigt, da erzählte Elke mir strahlend vor Freude, dass Hajo in Lüneburg eine interessante Arbeit angeboten worden sei und sie deshalb die obere Wohnung nun für sich ausbauen wollten.

»Ist das nicht toll?«, freute sie sich. »Dann können wir den Garten miteinander anlegen. Und wenn ich die vielen Nebengebäude aufgeräumt habe, kann ich mir endlich meinen großen Wunsch erfüllen und ein eigenes Pferd halten. Ich finde das echt gut!«

O ja, das war auch für mich eine gute Nachricht. Dann waren sie mir alle ja noch näher. Mit Elke verstand ich mich sehr gut, besonders seit sie vor etwa zehn Jahren ihr Leben Gott übergeben hatte.

Erhard war dagegen gar nicht begeistert von der Aussicht, nun bald mit meinen Kindern in einem Haus zu wohnen. Mit Elke kam auch er gut aus, nicht aber mit Hajo. Elke wusste das und wollte dafür sorgen, dass ihre Familie Erhard nicht zu sehr belästigte.

Als es Erhard im Frühling immer noch nicht viel besser ging, fand er sich schließlich mit der Situation ab. Er sah die viele Arbeit, die der total verwilderte Garten machte, und wie fleißig Elke mir dabei half, während er nur vom Wohnzimmerfenster aus zusehen konnte. Früher hatte er immer gern im Garten mit mir zusammen gearbeitet, aber jetzt ging es einfach nicht mehr. Ole hingegen war ganz begeistert von dem neuen Wohnort. Er hatte sich sehr schnell mit allen Nachbarn rundum angefreundet. Sie ließen ihn auf dem Traktor mitfahren, und er durfte ihnen helfen, die Kühe auf die Wiese zu treiben und abends wieder in den Stall zu holen. Eigentlich kam er nur noch zum Schlafen nach Hause.

Doch die Freude, den Garten zusammen mit Elke anzulegen, fand ein schnelles Ende. Wir hatten erst einen kleinen Teil fertig, als Elke mir verriet, dass sie schwanger sei. Es ging ihr sehr schlecht. Sie hatte schon große Probleme bei ihrer ersten Schwangerschaft und vor vier Jahren auch eine Fehlgeburt gehabt, aber diesmal war es noch schlimmer. Traurig erzählte sie mir, dass sogar der Arzt befürchtete, sie würde das Kind nicht austragen können. Dabei wünschte sie es sich so sehr. Und wie schön würde es sein, wenn es diesmal ein Mädchen wäre!

»Wenn ich liegen bleiben kann, dann geht es vielleicht!«, sagte sie nur. »Aber wer soll dann meinen Haushalt machen? Ob du mir dabei wohl helfen könntest?« Unsicher, bittend sah sie mich an. »Es wäre doch wunderbar, wenn ich noch ein Kind haben könnte.«

»Erhard wird es allerdings nicht gefallen, wenn ich noch weniger Zeit für ihn habe. Aber ich werde mit ihm reden. Eigentlich müsste er ja verstehen, wie schön es wäre, wenn ihr noch ein Kind hättet.«

Erhard sah mich nur missbilligend an, als ich ihm von Elkes Problem erzählte. Ich wusste, was er dachte, ohne es auszusprechen: Seit wir hier wohnen, hast du überhaupt keine Zeit mehr für mich!

Sollte ich mich über seine Einwände und über seinen Unmut einfach hinwegsetzen? Durfte ich ihm das antun? Wenn wir nicht umgezogen wären, könnte ich Elke ja auch nicht helfen! Aber wer weiß, vielleicht war genau das Gottes Plan? Dass Hajo die Stelle antreten konnte, um die er sich gar nicht beworben hatte, die ihm einfach angeboten worden war – sollte uns das nicht nachdenklich machen? Dass unser ehemaliges Haus verkauft wurde, gerade als wir uns mit dem Gedanken beschäftigten, umzuziehen . . . Vielleicht war dieses Kind in Gottes Plan vorgesehen?

Je länger ich darüber nachdachte, desto sicherer wurde ich, Elke helfen zu müssen, auch gegen Erhards Wunsch. Es würde mir nicht leicht fallen, aber ich wollte es versuchen. Und wenn Gott es wirklich so wollte, dann würde er mir auch helfen, nicht nur bei der Arbeit, sondern auch dabei, Erhard nicht zu sehr zu vernachlässigen.

Ich versprach Elke, alles tun zu wollen, um sie zu unterstützen. Und sie strahlte: »Vielleicht wird es ja ein Mädchen!«

In der Hoffnung auf Gottes Hilfe packten wir es an. Und es ging von Tag zu Tag besser.

Erhards Rückenschmerzen waren nicht mehr ganz so schlimm. Er konnte jetzt aufstehen und manchmal sogar einen kurzen Spaziergang machen. Dass er zum Essen an den Tisch kam, war für mich schon eine große Hilfe. Ja, Gott kannte offenbar nicht nur meine Kraft, er wollte mir auch Lasten abnehmen.

Nach und nach ging es Elke etwas besser. Sie wurde immer zuversichtlicher, dass sie dieses Kind doch bekommen könnte, zumal nur noch zwei Monate bis zu dem errechneten Termin fehlten. Nur noch zwei Monate! Inzwischen glaubte sogar der Arzt, dass sie es schaffen würde.

Am Faschingssonntag 1981 stellten sich mittags die Wehen ein, und Elke und Hajo machten sich sofort auf den Weg zur Klinik.

»Wie gut, dass wir jetzt nicht in Süddeutschland wohnen!«, meinte Elke, als sie sich von mir verabschiedete. Sie zwinkerte mir zu. »Da hätten wir heute Schwierigkeiten, an den Faschingsumzügen vorbeizukommen.«

»Nun hast du es ja bald geschafft! Ich bete, dass Gott bei dir ist und du mit einem gesunden Kind wieder nach Hause kommst.« Ich begleitete sie ins Auto und betete still, dass die Beschwerden während der Schwangerschaft dem Kind nicht geschadet haben möchten.

Hajo wollte in der Klinik bleiben, bis die Untersuchungen zur Aufnahme abgeschlossen wären, danach würde er mit Ole noch zum Kinderfasching gehen, wie er es ihm versprochen hatte.

»Der Kinderball ist um sechs Uhr zu Ende, früher wird es mit Elke kaum so weit sein«, meinte er.

Es war gerade erst vier Uhr, als die Klinik anrief: Hajo solle sofort kommen, wenn er bei der Geburt dabei sein wolle.

Es war gar nicht so einfach, ihn beim Fest in der lärmenden

Kinderschar zu finden. Ole war natürlich nicht begeistert, dass er nun schon mit mir nach Hause gehen sollte, während sein Vater sofort in die Klinik fuhr.

Ich versuchte ihn damit zu trösten, dass er ja bald einen Bruder oder eine Schwester haben würde und im nächsten Jahr dann bestimmt bis zum Schluss beim Kinderball bleiben dürfe.

Dann warteten wir beide auf die gute Nachricht aus der Klinik. Womöglich konnte ich am selben Tag noch mit Ole hinfahren und das Kind sehen? Aber der erhoffte Anruf kam und kam nicht. Es wurde Zeit für Ole, zu Bett zu gehen. Ich erzählte ihm noch eine lange Geschichte, bei der er einschlief und ging dann zu Erhard, der bereits ungeduldig auf mich wartete. Er ging zu seiner gewohnten Zeit schlafen und meinte, dass ich auch zu Bett gehen sollte. Doch ich wurde langsam unruhig. Erhard sah dafür keinen Grund, er glaubte, dass Hajo einfach vergessen hätte, uns zu benachrichtigen.

»Der wird in einer Kneipe sitzen und den neuen Erdenbürger begießen«, brummte er vor sich hin.

Ich konnte mir das nicht vorstellen und wartete immer ungeduldiger. Mitternacht war bereits vorüber und immer noch keine Nachricht von Hajo! Konnten Ärzte und Schwestern sich so verschätzt haben, als sie anriefen und meinten, es sei eilig? Sollte ich mal in der Klinik nachfragen? Aber würde ich am Telefon überhaupt eine Auskunft bekommen? Oder hatte Erhard doch recht, und Hajo saß irgendwo mit Freunden zusammen und dachte nicht daran, dass ich mir Sorgen machen könnte?

Als ich endlich sein Auto hörte, war ich schnell an der Tür und begrüßte ihn vorwurfsvoll: »Na endlich! Warum kommst du denn so spät? Hast du noch gefeiert? Warum hast du nicht wenigstens mal angerufen? Wie ging es denn? Sind sie gesund?«

Hajo sah abgespannt und ziemlich verstört aus, als er stockend berichtete. »Jetzt ist Elke nicht mehr in akuter Lebensgefahr. Da konnte ich erst mal weggehen, um dir Bescheid zu sagen.«

Bestürzt und verwirrt fragte ich: »Sie war in Lebensgefahr? Was ist denn passiert? Bei den Vorsorgeuntersuchungen war doch alles in Ordnung!«

»Elke hatte nach der Geburt einen Blutsturz. Es war ganz furchtbar! Das Blut lief und lief und hörte nicht auf. Darauf waren die Ärzte gar nicht vorbereitet. Zuerst haben sie ihr einige Blutkonserven gegeben, aber die schienen einfach durchzulaufen. Dann haben sie einen Hubschrauber angefordert. Sie wollten sie nach Hamburg bringen lassen. Aber der Hubschrauber konnte nicht landen. Es ist ganz dicker Nebel draußen, und – na ja, die nahe Grenze – das war zu riskant! Dann haben sie die Gebärmutter rausgenommen, damit es vielleicht aufhören würde! Aber nichts! Nun gingen allmählich auch die Konserven aus. Du weißt ja, Elke hat die seltene Blutgruppe B-Rhesus-negativ. Davon hatten sie nicht viel vorrätig. Sie haben zuerst eine Blutbank angerufen und gleichzeitig einen dringenden Hilferuf über Funk geschickt. Das ging alles so schnell. Von überall her kamen Spender: aus der Kaserne in Lüneburg, Polizisten, Beamten vom Bundesgrenzschutz, Taxifahrer. Und nachdem sie von den Spendern direkt Blut bekam, ließ es langsam nach. Nun ist sie, glaube ich, außer Gefahr. Als ich weggefahren bin, wurde sie auf die Intensivstation gebracht. Also, ich kann ja schon einiges vertragen, aber das . . . Ich hab' die ganze Zeit nur gebetet, und der eine Arzt meinte auch, das sei das Einzige, was überhaupt helfen könnte. Kinder kann sie nun natürlich keine mehr kriegen, aber ich glaube auch nicht, dass sie noch mal schwanger werden möchte.«

»Und was ist mit dem Kind?«

»Es ist ein Mädchen! Mit dem Kind ist soweit alles in Ordnung. Die Blutung setzte ja erst später ein. Aber ich glaube, Elke hat es gar nicht mehr mitgekriegt, dass sie ein Mädchen hat.«

»Kann ich sie denn morgen besuchen?«

»Doch, doch, nur solltest du vielleicht erst nachmittags gehen. Sie wird bestimmt eine Zeit brauchen, bis sie überhaupt ansprechbar ist. Aber jetzt muss ich versuchen, noch etwas zu schlafen. Ich bringe Ole morgen zur Schule. Hoffentlich höre ich den Wecker! Gute Nacht!«

Ich versuchte, mich zu beruhigen. In meinen Gedanken war ein furchtbares Durcheinander. Oh, mein Gott! War es wirklich dein Wille, dass Elke dieses Kind haben sollte? Warum gab es dann solche Schwierigkeiten? Danke, dass sie lebt! Lass sie doch wieder gesund werden!

So betete ich immer wieder seufzend und unruhig, bis ich gegen Morgen doch noch einschlief.

Ich war sehr erschrocken über ihren Anblick, als ich nachmittags zur Intensivstation kam. Elke war noch immer nicht ganz außer Lebensgefahr, wie mir der Arzt sagte, der mich zu ihr begleitete. Er bat mich, nur einfach still bei ihr zu sitzen, damit sie sich nicht anstrengen musste.

Sie wurde künstlich beatmet und ernährt. Trotzdem lächelte sie mir zu, als ich ihre zitternde Hände berührte. Aber ich sah, wie sehr der Besuch sie anstrengte und hielt mich nicht lange auf. Draußen fragte ich den Arzt, wie groß ihre Chance sei, ganz gesund zu werden.

»Wenn es uns gelingt, das Wasser aus ihrer Lunge zu entfernen, könnte sie es schaffen. Aber sie ist sehr schwach . . .«

Ich wollte gar nicht mehr wissen und es brauchte eine Weile, bis ich aufhören konnte zu weinen. Dann ging ich zum Säuglingszimmer, um die kleine Lone, meine jüngste Enkelin, zu sehen.

Nach vier Tagen konnte Elke in ein Wöchnerinnenzimmer verlegt werden. Als ich sie dort besuchte, lächelte sie mir entgegen, noch bleicher, als sie während der Schwangerschaft gewesen war, aber mit strahlenden Augen: »Hajo sagt, es sei ein Mädchen, stimmt das? Ich kann's noch gar nicht glauben. Ich muss sie erst eigenhändig ausgewickelt haben, aber sie bringen sie mir nur zum Stillen. Sie meinen, ich könnte sie noch nicht wickeln. Aber ist es nicht toll, dass ich sie stillen kann? Das ist doch ein

Wunder nach dem großen Blutverlust und was sonst alles passiert ist!«

Wie zufrieden sie aussah! – Abgespannt, bleich, elend, aber glücklich.

»Weißt du, Mutti, was ich mir gedacht habe, warum das passiert ist?«, fragte sie mit schwacher Stimme. »Ich glaube, das wollte Gott so, damit Hajo wieder beten sollte. Er hat mir gesagt, dass er die ganze Zeit nur immer gebetet hat. Das ist doch gut, oder?«

»Das hat er mir auch gesagt, und – ich hatte ähnliche Gedanken. Vielleicht musste er eine Notsituation erleben, um sich auf Gott zu besinnen. Hoffentlich vergisst er es nicht wieder; dafür müssen wir jetzt beten.«

Die Lokalzeitung brachte am nächsten Tag einen ausführlichen Bericht über die »Blut-Stafette«, durch die das Leben einer jungen Frau gerettet werden konnte. Und in der gleichen Ausgabe erschien die Geburtsanzeige der kleinen Lone, mit einem Dank an alle, die zur Rettung der Mutter mit ihrer Blutspende beigetragen hatten. So viel Aufsehen hatte die Geburt dieses Wunschkindes in unserer ländlichen Gegend erregt!

Aber wie sehr wir auch hofften, dass jetzt alles überstanden sei: Schon bei meinem nächsten Besuch hörte ich von neuen Schwierigkeiten.

Die Ärzte hatten in der Aufregung den Harnleiter verletzt, als sie die Gebärmutter herausnahmen. Die starke Blutung hatte sie wohl auch behindert. Nun musste also am Harnleiter operiert werden.

»Das ist ja nur ein kleiner Eingriff«, meinte Elke optimistisch. »Es wird natürlich etwas länger dauern, bis ich entlassen werden kann. Aber mein Baby darf solange hier bleiben. Schaffst du es auch noch? Ist Ole brav? Ärgert Hajo dich nicht zu sehr? Und Erhard? Was sagt der dazu? Ist er sehr sauer, dass es noch länger dauert, bis er dich endlich wieder für sich allein hat? Ach, ich kann's kaum erwarten, ich freue mich ja so auf Zuhause!«

Das Reden fiel ihr noch schwer. Leise sprach sie weiter: »Wenn ich erst wieder daheim bin, freu' ich mich schon auf den Garten! Die Kleine nehme ich mit raus, die kann in der frischen Luft schlafen. Endlich wieder rausgehen! Vielleicht richte ich alles so ein, dass ich auch morgens wieder in den Wald gehen kann, um Vögel zu beobachten. Jetzt ist die beste Zeit dazu, da kann man sie auch hören. Hast du eigentlich schon Kraniche gesehen? Die müssten jetzt da sein.«

»Ja, doch! Die sind da! Stell dir vor, als ich gestern aus dem Fenster sah, meinte ich, dass jemand schon seine Kühe rausgelassen hätte und ärgerte mich, weil doch das Gras gerade erst anfängt zu sprießen. Da kann man doch nicht gleich die Kühe drauf weiden lassen! Aber als ich dann durchs Fernglas guckte, erkannte ich, dass es Kraniche waren. Die ganze Wiese voll! Etwas später flogen dann einige große Schwärme über unser Haus nach Nordosten. Das müssen Hunderte gewesen sein. Es war ein ganz großartiges Erlebnis!«

»Das glaube ich! Das hätte ich auch gern gesehen. Aber nun kann's ja nicht mehr so lange dauern, bis ich entlassen werde. Ich kenne ja auch die Plätze, wo die Kraniche brüten. Und der Förster weiß, dass ich sie nicht störe. Der erlaubt mir, in die Nähe zu gehen.«

Mit leuchtenden Augen schwärmte sie von allen Freuden, die sie fast ein Jahr lang nicht hatte genießen können. Auch um ihr Pferd, Nanette, machte sie sich Gedanken. Die Stute war bestimmt viel zu dick geworden, weil sie gar nicht richtig bewegt wurde. Aber noch ein paar Wochen, dann wollte sie wieder mit ihr ausreiten. Endlich wieder!

Doch es gab noch weitere Probleme. Die kleine Lone vertrug die Muttermilch nicht. Sie spuckte alles aus.

»Das kommt sicher von der Aufregung und Angst, die ich hatte, und von den Medikamenten«, meinte Elke. Aber als das Kind Fertignahrung bekam, wurde es auch nicht besser. Der erfahrene Kinderarzt stellte schließlich fest, dass sie einen Zwerchfellbruch hatte. Zur Spezialbehandlung wurde sie nach Lüneburg gebracht, wo sie zunächst künstlich ernährt werden sollte, bis sich der Magen so weit vergrößert hatte, dass er nicht mehr durch den Bruch treten konnte. Falls das erfolglos wäre, müsste sie operiert werden.

An dem Tage, als die Kleine nach Lüneburg verlegt wurde, konnte Elke nach Hause kommen – für einige Tage, denn dann bemerkte sie, dass ihre Blase nicht in Ordnung war. Also wieder ins Krankenhaus, eine weitere Operation!

Elke blieb optimistisch: »Das dauert nicht lange, dann bin ich wieder hier! Nur – die Kleine kann ich nicht einmal besuchen!«

Eine Woche später wurde Elke entlassen und fuhr mit Hajo nach Lüneburg. Ihre kleine Tochter war fast senkrecht im Bett hochgebunden und hatte einen Infusionsschlauch am Kopf. Ein schlimmer Anblick. In der nächsten Woche folgte ein weiterer Schock. Elke hatte eine schwere Gelbsucht und kam auf die Isolierstation – sechs Wochen lang.

»Solange Lone nicht nach Hause kann, ist es ja nicht so schlimm, wenn ich auch nicht zu Hause bin«, meinte sie zuversichtlich, wenn wir sie besuchten und durch ein Glasfenster getrennt sprechen durften.

Die sechs Wochen vergingen, Elke war drei Tage zu Hause, da war es klar, dass die Operation keinen Erfolg gehabt hatte.

»Lassen Sie sich nicht noch einmal hier operieren«, riet ihr die Ärztin, die sie sogleich anrief. »Gehen Sie nach Lüneburg, dort gibt es einen guten Urologen.«

So war Elke nun ihrer Tochter räumlich nah, aber sehen konnte sie Lone nur, bevor sie in der Urologie stationär aufgenommen wurde.

Als ich sie besuchte, schwärmte sie von dem netten Arzt, der so rücksichtsvoll mit ihren dünnen Venen umging, die kleinsten Nadeln nahm, so dass sie die Einstiche kaum spürte, und der ihr auch viel Mut machte, dass nachher bestimmt alles in Ordnung sein würde.

»Vielleicht könnt ihr mich ja dann zusammen mit Lone abholen. Der geht es schon ganz gut. Sie muss wahrscheinlich nicht operiert werden. Wenn sie nur noch alle vier Stunden etwas zu essen bekommt und das nicht mehr ausspuckt, kann sie nach Hause. Und bitte, Mutti, bete für mich!«, rief sie mir noch zu, bevor ich sie verließ.

Inzwischen war es Sommer geworden. Vom Frühling hatte ich kaum etwas bemerkt. Im Garten blieb alles liegen. Erhard wurde immer unzufriedener. Wenn er doch nur ein wenig von Elkes unerschütterlichem Optimismus und ihrer Zufriedenheit gehabt hätte!

Ich sprach Elke meist nur am Telefon, während Hajo sie jeden zweiten Tag besuchte. Elke klang immer gut gelaunt und versicherte, bald wieder nach Hause zu können. Die Operation war gut verlaufen, es schien alles in bester Ordnung zu sein. Nur sollte sie vorläufig nicht heben und auch möglichst keine Treppen benutzen.

Lone konnte sie dann doch noch nicht mitbringen, als Hajo sie abholte. Doch auch diese Enttäuschung ertrug sie gelassen:

»Das ist sicher besser so. Wenn sie hier wäre, würde ich sie ja doch auf dem Arm herumtragen wollen, und das darf ich in den nächsten Wochen auf keinen Fall. Dann müsstest du dich zu allem Überfluss noch um die Kleine kümmern, und Erhard hätte noch weniger von dir.«

Bevor Elke nach oben ging, trank sie bei uns eine Tasse Kaffee und freute sich über die Windbeutel, die ich zu ihrer Begrüßung gebacken hatte. Hajo stützte sie, als sie dann in ihre Wohnung hinaufgingen. Aber sie kamen nur bis zum mittleren Treppenabsatz, da schrie Elke auf: »Es läuft wieder! Die Treppe! Nein, nicht noch eine Operation!«

Hajo nahm sie in den Arm und versuchte sie zu trösten, aber sie wollte nichts mehr hören. Ich sah ratlos zu und hätte am liebsten mit ihr geheult. Und ich beklagte mich bei

Gott: Sie hat dir so vertraut, mein Gott! Warum hilfst du ihr denn nicht?

Am nächsten Tag rief Elke in Lüneburg an und sprach mit dem Urologen. Sie sollte am besten sofort wieder kommen. Wenn er sie noch einmal operieren würde, wollte er die Naht verstärken.

So packte sie ihren Koffer wieder, den sie noch gar nicht weggestellt hatte, und Hajo brachte sie in die Klinik.

Als sie sich von mir verabschiedete, schluckte sie unsicher: »Ich hab' so ein ungutes Gefühl, dass es wieder nichts wird. Als ich heute morgen in der Bibel las, ist ein Satz bei mir hängengeblieben: ›Geduld ist euch not!‹ (Hebr. 6,12). Ach Mutti, ich hab bald keine Geduld mehr. Seit Lones Geburt war ich keine drei Wochen zu Hause. Ich halt das nicht mehr aus, schon wieder in ein Krankenhaus gehen zu müssen!«

Ich konnte sie nur schweigend in den Arm nehmen, wusste nicht, womit ich sie hätte trösten sollen. Ich verstand sie so gut und konnte nur still für sie beten. Aber Gott verstand ich nicht: War das der Preis, den sie für dieses Wunschkind zahlen musste? Was hatte Gott mit ihr und diesem Kind vor? Ob wir das wohl einmal erfahren würden?

Zwei Wochen nachdem Elke zum zweiten Mal nach Lüneburg musste, durften wir Lone nach Hause holen. Hajo hatte seine Mutter gebeten, während ihres Urlaubs zu kommen und sich um die Kleine zu kümmern, weil Erhard nicht wollte, dass ich es tat.

»Du hast dich wirklich lange genug für die Familie eingesetzt, jetzt will ich auch mal was von dir haben«, hatte er entschieden gesagt. Und ich versuchte, ihn zu verstehen. So ganz unrecht hatte er natürlich nicht, obwohl ich mich sehr gern um Lone gekümmert hätte. Er brauchte meine Hilfe bei einer Übersetzungsarbeit, die er nicht mehr selbst abtippen konnte. Das war ihm wichtiger, als ein Kind im Familienkreis aufzunehmen, das seit seiner Geburt nichts als Klinikatmosphäre kannte. Ich gab aber zu, dass es für mich auch ganz angenehm war, einmal nur für uns beide sorgen zu müssen.

Elke wollte diesmal nicht auf Entlassung drängen. »Auch wenn es vier oder sechs Wochen dauert«, meinte sie, »bis der Arzt ganz sicher ist, dass nichts mehr passieren kann.«
So blieb sie vier Wochen. Der Arzt riet ihr, auch danach sehr vorsichtig zu sein, Treppen zu vermeiden, nicht zu heben oder schwer zu tragen und auch das Kind nicht auf den Arm zu nehmen.
»Ich werde auf alles achten. Jetzt hab' ich endgültig genug von Operationen und Kliniken, jetzt möchte ich meine Tochter genießen – und für Ole wird es auch Zeit, dass er mich mal außerhalb eines Bettes sieht.«
Ich begrüßte sie im Flur, und Hajo wollte sie die Treppe hochtragen, aber sie meinte, es genüge, wenn er sie kräftig stützte. Es ging tatsächlich gut. Als sie sich über Lones Bettchen beugte, fing die Kleine an zu weinen. Mit Tränen in den Augen wandte Elke sich ab. Es musste ihr sehr weh tun, dass ihre Tochter so auf den Anblick der Mutter reagierte.
Wir versuchten, sie zu trösten: »Die Kleine kennt dich ja wirklich nicht! An die paar Tage nach ihrer Geburt kann sie sich doch kaum mehr erinnern.«
Elke nickte: »Ja, natürlich – ich weiß es ja! Trotzdem tut es weh.«
Das konnte ich gut verstehen. Wie sehr hatte sie sich auf diesen Augenblick gefreut, und nun . . . Mit Tränen in den Augen sah sie mich fragend an: »Ich möchte sie so gern auf den Arm nehmen! Ich hab' sie ja noch nie gehalten.«
»Setz dich hin!«, sagte Hajo resolut und legte ihr das Kind in den Schoß.
Aber kaum hatte Lone bemerkt, wo sie war, da schrie sie noch lauter und Hajo nahm sie hoch und setzte sich mit ihr Elke gegenüber. Sofort verstummte sie, schluckte noch ein paarmal und blickte die »fremde Frau« verwirrt an.

Am Tage nach Elkes Heimkehr reiste ihre Schwiegermutter wieder ab. Aber Hajo hatte, dem Rat des Arztes folgend, eine Familienhelferin eingestellt, so dass ich nicht einspringen musste.

Trotz aller Vorsicht und Schonung blieb Elkes Blase auch diesmal nur wenige Tage »dicht«.

»Ich hab's geahnt!« Sie war verzweifelt. »Als ich damals vor der Fahrt in die Klinik diesen Bibeltext las, dass ich Geduld haben müsste, da wusste ich es. Aber ich lasse mich nicht noch einmal operieren. Jetzt reicht's mir. Der Arzt hat auch gesagt, dass er mich nicht noch einmal operieren würde. Der war sich so sicher, dass es diesmal in Ordnung wäre. Dann werde ich eben den Rest meines Lebens mit Windeln rumlaufen«, brachte sie trotzig hervor.

Einige Tage später rief sie den Arzt doch noch an. Auch der war niedergeschlagen und entmutigt und bestätigte ihr, dass er sie nicht noch einmal operieren werde. Er empfahl ihr allerdings einen Facharzt, der schon in vielen schwierigen Fällen Erfolg gehabt hatte. Dieser Arzt war zwar für längere Zeit nicht erreichbar, aber momentan hätte Elke ohnehin keiner weiteren Behandlung zugestimmt.

Weil sie nun nicht mehr vorsichtig sein musste, übernahm sie das Kind und ihren ganzen Haushalt wieder selbst.

Ein wenig gewöhnte sie sich auch an den lästigen Zustand, Windeln und Krankenhosen tragen und immer darauf achten zu müssen, dass sie sich nie zu weit von einer Toilette entfernte.

Natürlich mussten alle in der Familie Einschränkungen hinnehmen, denn Elke konnte nicht verreisen und auch keine langen Spaziergänge mehr machen. Für einen Stadtbummel reichte die Kapazität einer Windel gerade noch aus.

Nach längerer Zeit erkundigte Elke sich noch einmal in Lüneburg, ob der Urologe wohl bald zurück wäre. Aber sie schien nicht traurig zu sein, als sie hörte, dass es noch länger als vorgesehen dauern würde.

»Ich weiß nicht, ob ich überhaupt noch um Heilung beten

soll«, sagte sie entmutigt zu mir. »Ich hab' das Gefühl, Gott kümmert sich gar nicht um mich. Oder vielleicht bestraft er mich für etwas? Ich versuche doch so gut wie möglich nach seinem Willen zu fragen, aber er lässt mich im Stich. Warum erhört er meine Gebete denn nicht? Kann ich ihm gar nichts recht machen? Gibt es überhaupt jemand, der das kann?«

Ich wusste auch keine Antwort auf ihre Klagen. Sie sprach immer seltener mit mir. Wollte sie mir nicht weh tun, da sie mir nur noch von ihrer Enttäuschung und ihrem Misstrauen Gott gegenüber hätte erzählen können? Ich litt dennoch mit ihr. Von ihrem früheren Optimismus, ihrer positiven Einstellung in allen Enttäuschungen war nicht mehr viel übriggeblieben. Und ich konnte es ihr nicht verdenken.

Geduld sollte sie haben, so hatte sie es in dem Bibelwort gelesen, bevor sie zu der letzten Blasenoperation ins Krankenhaus gefahren war. Da hatte sie schon geahnt, dass sie auch durch diese Operation nicht geheilt werden würde. War sie denn bisher nicht wirklich geduldig gewesen? Hatte sie nicht bei allen Schwierigkeiten gelassen reagiert, die vielen Rückschläge ausgehalten, nicht aufgegeben? Ich hatte sie richtig bewundert. Aber nun resignierte sie.

Wie konnte ich sie ermutigen, weiter ihr Vertrauen auf Gott zu setzen? Mir kamen ja selbst Zweifel, ob er wirklich noch da war, erlebbar in unserer Situation. Beim Lesen im Buch Hiob waren mir dessen Klagen und auch Anklagen sehr nah und verständlich. Dabei wusste ich doch aus der Einleitung dieses Buches, dass Gott dem Satan, der Hiob Schaden zufügen durfte, von vornherein Grenzen gesetzt hatte. Gott kannte Hiob genau. Er wusste, wie weit er belastbar war! Gott wusste, dass Hiob weiterhin an ihm festhalten würde. Gott kannte auch Elkes Belastbarkeit.

»Ach Herr!«, betete ich, »gib du Elke, gib uns allen die Kraft, die Geduld, die wir jetzt brauchen, denn ohne deine Hilfe können wir das nicht ertragen. Und zeige uns doch auch, was wir lernen sollen!«

Wir hatten doch gemeint, dass Gott dieses Kind wollte. Wir hatten uns gefreut, und es konnte doch nicht gegen seinen Willen gewesen sein, wenn wir zusammen alles versucht hatten, um es am Leben zu erhalten!

Im Garten konnte Elke mir nun natürlich auch nicht helfen. Zum Reiten hatte sie nicht viel Lust, ganz abgesehen davon, dass sie mit ihrer Nanette nicht mehr fertig wurde. Die Stute hatte in der langen Zeit so viele Unarten angenommen, dass Elke nur noch auf Evi, ihre Schwester, warten wollte, um mit ihr über einen Verkauf der Stute zu sprechen. Vielleicht könnte Evi ihr die Unarten auch wieder abgewöhnen?

Weil der Haushalt allein sie nicht ausfüllte, bewarb Elke sich auf ein Inserat, in dem Schreibarbeit für zu Hause angeboten wurde. Sie bekam diese Arbeit, engagierte sich sehr und war bald so perfekt, dass sie auch schwierige Übersetzungstexte nach Diktat schreiben konnte und damit sehr gut verdiente.

Nun konnte Hajo ihr nicht mehr vorwerfen, dass sie nicht genug zum Haushalt beisteuere und deshalb auch kein Recht habe, über die Gestaltung des Hofes oder des Vorgartens mitzubestimmen.

Gelegentlich half Elke auch Erhards Sohn im Büro und lernte dort von ihm, einem Computerfachmann, mit Computern umzugehen.

Lone entwickelte sich sehr gut. Ich hatte kaum für möglich gehalten, dass aus diesem Kind im Krankenbett je ein gesundes, kräftiges Baby werden könnte.

Erhard kam mit der jetzigen Situation gut zurecht, denn meine Kinder tauchten in seinem Leben kaum noch auf. Höchstens Ole kam manchmal kurz zu uns herein, wenn er gerade keine dringenden Pflichten bei den Nachbarn hatte.

Zu Weihnachten kamen Erhards Kinder aus Kalifornien zu Besuch. Sie freuten sich besonders über den Schnee, der schon Ende November gefallen war und noch immer die Landschaft einhüllte, wenn auch nicht mehr in strahlendes Weiß. Dennoch war es für die Gäste aus Kalifornien ein besonderer Anblick.

Evi, die nach Abschluß der Bereiterlehre mit einem Freund nach Antigua gesegelt war, besuchte uns im Januar nach langer Zeit wieder einmal. Elke besprach mit ihr das Problem mit Nanette und Evi riet zum Verkauf, da sie nicht genug Zeit hatte, sich mit der Stute zu beschäftigen.

Glücklicherweise wollte eine junge Nachbarin sie nehmen, die sich während Elkes Abwesenheit häufig um Nanette gekümmert hatte. Etwas Besseres hätte Elke gar nicht geboten werden können: So blieb die Stute, die sie doch trotz ihrer Zicken immer noch gern mochte, in der Nähe. Sie konnte das Pferd besuchen und sich vergewissern, dass es gut versorgt wurde. Irgendwann später würde sie sich wieder ein eigenes Pferd kaufen, meinte sie.

Sie musste wirklich auf vieles verzichten. Nie war sie besonders anspruchsvoll gewesen, aber in dieser Situation wurde sie immer enttäuschter und stiller. Mit mir sprach sie nur noch selten.

Aber um so mehr sprach ich mit Gott über Elke. Er hatte mir vor langer Zeit etwas versprochen, auf das ich mich berief, an das ich ihn erinnerte, wenn ich um meine Kinder besorgt war: »Alle deine Kinder sollen gesegnet und zum Herrn gebracht werden« (Tobias 13,16). Er konnte Elke doch jetzt nicht loslassen!

Am Tag bevor Evi wieder abreiste, kam Erhard ins Krankenhaus. Wochenlang lag er im Koma. Der Neurologe hatte Parkinson festgestellt und sah kaum eine Chance, ihm noch zu helfen.

Ich besuchte ihn jeden zweiten Tag. Die Fahrt, hin und zurück etwa 150 km, war sehr anstrengend und belastend, und noch mehr bedrückten mich seine anklagenden Blicke. Er schien mir zu sagen, dass er sich von mir verraten fühlte, weil ich seiner Einweisung in die Klinik zugestimmt hatte. Für ihn bedeutete ein Krankenhausaufenthalt etwas ganz Schreckliches. Ich hatte nicht den Eindruck, dass er es mir glaubte, wenn ich ihm die Notwendigkeit der Behandlung in der Klinik zu erklären versuchte. Nur einmal lächelte er mich freundlich an, mit einem zufriedenen Leuchten in seinen Augen. Hatte er doch begriffen, dass er nicht von mir abgeschoben worden war?

Als es ihm nach Wochen etwas besser ging, wollte ich ihn sofort nach Hause holen. Ich hatte bereits alles mit dem Arzt besprochen und vorbereitet. Doch in der Nacht vor seiner geplanten Heimkehr bekam er einen Herzanfall und fiel wieder ins Koma. Zehn Tage später starb er, ohne noch einmal aufgewacht zu sein.

Nach diesen anstrengenden, furchtbaren Wochen kam ich bei der Gartenarbeit nur langsam zur Ruhe. Die täglichen Fahrten in die Klinik nach Lüneburg hatten meinen ganzen Einsatz und viel Kraft gekostet. Oft hatte ich bei der langen, allmählich zur Routine gewordenen Fahrt gar nicht mehr recht gewusst, wie ich hin- und zurückgekommen war; denn mit meinen Gedanken und Ängsten war ich weit weg von der Straße, auf der ich mit dem Auto fuhr.

Im Februar war Erhard in die Klinik gekommen, nun war der April schon fast zu Ende. Ich war froh, eine Aufgabe zu haben.

Nachdem ich im Garten endlich die reichlich verspätete Frühjahrsbestellung beendet hatte, kümmerte ich mich um Elke und ihre Familie.

Lone war ein lebhaftes, an allem interessiertes Kleinkind, in einem Alter, wo man nie genügend Hände und Augen hat, um die Kinder immer und überall beaufsichtigen zu können. Elke war deshalb froh, dass ich ihr diese Aufgabe abnehmen konnte, damit sie bei ihrer Schreibarbeit nicht zu häufig gestört wurde.

Ich kochte für die ganze Familie, und alle kamen zu mir zum Essen, während Elke pausenlos, fast verbissen an der Schreibmaschine und an ihrem neuen Computer arbeitete. Sie war so fasziniert davon, dass sie alles um sich her vergaß, kaum noch eine Minute Zeit für ihre Kinder hatte und noch weniger für einen gemütlichen Plausch, wie wir ihn früher so gern beim Nachmittagskaffee gehalten hatten. Sie besprach mit mir nur noch, was ich kochen und wer zum Einkaufen fahren sollte.

In den Jahren, die wir nun schon in Norddeutschland wohnten, hatte ich noch keine Freunde gefunden. Bisher hatte ich dazu auch weder Zeit noch Gelegenheit gehabt und auch kein Bedürfnis, weil ich viel zu viel von den Problemen der Familie gefordert war. Doch nach Erhards Tod brauchte ich einfach Menschen, mit denen ich sprechen konnte. Elke hatte offensichtlich kein Interesse mehr an Gesprächen und ich fühlte mich ziemlich verlassen.

Einmal war ich zum Gottesdienst in der örtlichen Kirche gewesen, aber ich stellte enttäuscht fest, dass es nicht das war, was ich suchte. Nein, hier konnte ich keine Heimat finden. Ich wollte aber darum beten. Gott weiß doch, wo Leute sind, die zu mir passen, und er kann sie mich finden lassen!

Mein Wunsch erfüllte sich sehr bald und ich traf andere Christen, bei denen ich das erlebte, was ich mir unter christlicher Gemeinschaft vorstellte.

Bei der Geburtstagsfeier unserer Nachbarin lud mich ein ebenfalls geladener Gast zu Bibelstunden ein, die ein Prediger einer Gemeinschaft hielt. Die kannte ich bereits von früher und war froh, sie hier wiedergefunden zu haben.

Gern folgte ich der Einladung. Ich fühlte mich sofort zu Hause, nach langer, langer Zeit. Wenig später schloss ich mich einem Hauskreis an, der sich einmal wöchentlich im Nachbarort traf.

Ella, eine junge Frau, die auch zur Bibelstunde kam, hatte angeboten, mich mitzunehmen und in den Kreis einzuführen.

Ich war nicht mehr allein! Es war wunderbar! Ich hatte wieder Freunde, mit denen ich nicht nur über Glaubensfragen sprechen konnte, sondern auch über meine Sorgen und Probleme.

Schon zweimal in meinem Leben hatte Gott mir gesagt: »Ich habe dich bei deinem Namen gerufen; du bist mein!« (Jes. 43,1). Das war mein Tauf- und auch mein Konfirmationstext. Aber damals war ich damit nicht einverstanden gewesen. Wie konnte Gott einfach so über mich bestimmen wollen! Hatte ich nicht einen freien Willen und durfte selbst entscheiden, zu wem ich gehören wollte? Ich hatte rebelliert und Gott gesagt, er solle sich aus meinem Leben heraushalten.

Ich war gescheitert, so gründlich gescheitert, dass ich Selbstmord begehen wollte. Doch bevor ich es tat, wagte ich noch einen verzweifelten Hilferuf, ohne damit zu rechnen, dass Gott mich hören würde. Warum sollte er auch? Ich hatte mein Leben ohne ihn leben wollen und war am Ende. Nun sollte er mir trotzdem helfen? Ich konnte nicht wirklich glauben, dass er das tun würde.

Aber Gott wandte sich mir zu und griff ein. Und von da an war ich damit einverstanden, dass er über mein Leben bestimmte.

Manchmal zweifelte ich noch an seiner vollständigen Vergebung. Aber dieses Wort sicherte sie mir zu: »Du hast Gnade gefunden vor meinen Augen und ich kenne deinen Namen!« (2. Mose 33,12).

Es war für mich das wundervollste Erlebnis, das ich mit Gott hatte. An meinem Platz fand ich bei einem Hauskreistreffen dieses Losungswort wieder – für mich eine weitere, liebevolle Bestätigung.

Es war alles in Ordnung zwischen meinem Erlöser und mir. Was konnte mir nun noch schaden?

Wenn alles wankt

»Sind wir untreu, so bleibt er doch treu!« (2. Timotheus 2,13)

Lone war fast zwei Jahre alt, als ihre Mutter Bescheid bekam, dass nun der Professor zurück sei, der ihre Blase noch einmal operieren sollte.

Elke hatte sich inzwischen schon so an die Einschränkung gewöhnt, dass sie von der Nachricht nicht gerade begeistert war. Aber verständlicherweise wünschte Hajo doch sehr, dass sie einen weiteren Versuch unternahm. Nachdem Elke den Arzt persönlich kennen gelernt und Vertrauen zu ihm gefasst hatte, wurde der Termin auf April festgesetzt.

Für mich war ihre Abwesenheit nun kein zusätzliches Problem mehr, hatte ich mich doch seit Erhards Tod ohnehin um ihre Familie gekümmert. Lone war schon ein »großes Mädchen«. Ich konnte ihr viele Dinge erklären und sie hielt sich fast immer in meiner Nähe auf. Ihre Mutter ließ sich nicht gern von ihr stören, wenn sie an ihrem Computer arbeitete und in Programme vertieft war. Elke konnte also so lange wie nötig in der Klinik bleiben, ohne sich um die Geschehnisse daheim sorgen zu müssen. Sie brauchte nicht auf Entlassung zu drängen und konnte alles ausheilen lassen. Aber sie glaubte nicht mehr daran, dass sie wirklich geheilt werden könnte.

»Ich bete nicht mehr!«, sagte sie trotzig, bevor sie abfuhr. »Warum auch? Es hat doch keinen Sinn. Gott kümmert sich doch gar nicht um mich, sonst hätte er ja längst eingreifen können. Ich weiß, dass er es auch ohne Operation gekonnt hätte, aber er *will* es nicht. Ich hab' das Gefühl, er passt nur auf, wenn ich was tue, was ihm nicht gefällt. Das zeigt er mir dann sofort. Gnädig kann ich einen solchen Gott nicht finden. Ist mir auch jetzt ganz egal. Ich gehe bloß hin, weil Hajo es will.«

Ihre Verbitterung erschreckte mich, aber ich konnte sie nur zu gut verstehen. Sie hatte wirklich lange daran festgehalten, dass Gott es gut mit ihr meinte und ihr auch alles zum Besten dienen werde. Nach so vielen Enttäuschungen hatte sie die Hoffnung aufgegeben. Ich bete, dass Gott sie trotzdem festhalten würde.

Schon nach drei Wochen kam sie nach Hause, geheilt, wie der Arzt ihr ganz fest versichert hatte. Noch glaubte sie es nicht und wartete darauf, dass ihre Beschwerden nach wenigen Tagen wieder kämen, aber auch nach zwei Monaten war noch alles in Ordnung. Jetzt fing sie an, mit ihrer Familie Pläne zu machen.

Weil mein Geburtstag in diesem Jahr auf den Hauskreistag fiel, lud ich meine Freunde ein, mit mir zu feiern. Es war zwar sehr eng bei mir, seit ich Hajo mein Wohnzimmer zur Einrichtung eines Büros überlassen hatte, aber es fand sich doch für alle ein Platz.

Meine Gäste brachten mir eine Grußkarte mit einem Text aus dem Epheserbrief: »Dankt Gott, dem Vater, zu jeder Zeit für alles im Namen unseres Herrn Jesus Christus.« (Eph. 5,20)

Dieses Wort hatte mir etwas Besonderes zu sagen, das wusste ich sofort, als ich die Karte gelesen hatte. »Dankt für *alles* und zu *jeder Zeit*!«

Und ich war tatsächlich dankbar. Ich hatte ja auch so viel Grund dazu! Ich hatte christliche Freunde gefunden. Elke war endlich wieder ganz gesund und schien auch glücklich zu sein. Meine Kinder waren hilfsbereit und freundlich. Meine Enkelkinder bereiteten mir viel Freude und liebten mich. Obwohl ich mich finanziell noch etwas einschränken musste, hatte ich keine wirklichen Probleme.

Aber dieser Text schien auf etwas hinzuweisen, wofür es mir vielleicht schwer fallen würde zu danken.

Ich stellte die Karte gut sichtbar auf meinen Schreibtisch,

und sooft ich sie las, meinte ich zu spüren, dass etwas geschehen würde.

Ein halbes Jahr später, im November, eröffnete Elke mir wie aus heiterem Himmel, dass sie sich von Hajo trennen wollte. Sie fragte mich, ob ich mir vorstellen könnte, mit ihr und den Kindern wieder nach Süddeutschland zu ziehen. Sie würde für den Unterhalt der Familie sorgen, und ich könnte mich um Kinder und Haushalt kümmern. Von Hajo wollte sie keine »Almosen« mehr annehmen. Sie hatte durch ihre Arbeit gesehen, dass sie genügend verdienen konnte, und wollte sich nicht länger von ihm etwas vorschreiben lassen. Falls ich nicht bereit wäre, mit ihr und den Kindern zusammen wegzuziehen, würde sie allein gehen und Hajo die Kinder überlassen. Sie würde dann auf alles verzichten, was sie zusammen in den elf Jahren ihrer Ehe erworben hatten.
»Du kannst ja mal darüber nachdenken!«, sagte sie schnell und wollte sich offensichtlich nicht auf ein weiteres Gespräch einlassen.
Ich war so fassungslos, dass ich nicht einmal fragen konnte, wie sie zu dieser Entscheidung gekommen sei, und schüttelte nur still den Kopf.
Wenige Tage später kam sie wieder und fragte barsch und unfreundlich: »Du willst wohl nicht mit mir gehen? Ich hab's mir schon gedacht. Aber mein Entschluss steht fest: Ich ziehe hier aus! Vielleicht gehe ich auch zu Evi.«
Sie stellte einen Karton gefüllt mit Büchern auf den Tisch und sagte: »Die brauche ich nicht mehr. Das sind alles christliche Bücher, Bibeln und so . . . Du kannst sie verschenken oder wegwerfen, wie du willst.«
Entsetzt starrte ich sie an. Bis zu diesem Augenblick hatte ich noch gehofft, alles sei nur eine unüberlegte Idee gewesen und sie würde noch einmal darüber nachdenken. Vielleicht hatte sie mit Hajo Streit gehabt und wollte ihm beweisen, dass sie ihm ge-

genüber in einer stärkeren Position war als früher. Sie konnte doch unmöglich ihre Kinder verlassen, womöglich sogar ins Ausland gehen! Ich war fassungslos.

Meine Geburtstagskarte fiel mir ein, und ich fragte mich plötzlich erschrocken: »Mein Gott, soll ich dafür auch danken? Kann ich dafür überhaupt danken, wenn meine Tochter sich von dir abwendet und eigene Wege geht? Sogar ihre Kinder will sie verlassen!«

Erschüttert erzählte ich auch meinen Bibelkreisfreunden davon und bat sie, für Elke zu beten. Und immer wieder dachte ich verzweifelt: Das kann sie doch nicht tun! Sie wird doch dieses Vorhaben nicht auf Kosten ihrer Kinder durchsetzen!

Aber sie konnte und tat es.

Elke zog zunächst von der gemeinsamen Wohnung in den ausgebauten Stallraum, in dem Roland einige Zeit gewohnt hatte, und mied jeden Kontakt mit uns. Nur Lone besuchte sie dort manchmal und fragte mich dann, warum ihre Mutter nicht mehr oben bei ihnen blieb. Ich konnte es dem Kind nicht erklären, denn es war auch für mich unbegreiflich.

An einem Morgen im Januar war sie verschwunden, ohne ein Wort zum Abschied. Von Hajo erfuhr ich, dass sie nach Berlin gefahren sei, wo sie sich Informationen besorgen wollte, was sie im Ausland, in der Karibik, mit ihren umfangreichen Kenntnissen in der Datenverarbeitung anfangen könne.

Als sei er tatsächlich stolz darauf, erzählte Hajo mir, dass er mit Elke vertraglich vereinbart hätte, dass nun alles ihm allein gehöre, was sie gemeinsam angeschafft und erworben hatten. Dafür verpflichtete er sich nur, für den Unterhalt der Kinder aufzukommen. Sogar notariell sei das geregelt worden, und wenn Elke nicht innerhalb eines Jahres Einspruch einlege, wäre es auf Dauer rechtskräftig. Er konnte nun allein Entscheidungen treffen, und ich war nicht sicher, ob ich dabei irgendeine Rolle spielte oder Einfluss auf ihn nehmen konnte.

Nur gut, dass Erhard darauf bestanden hatte, mit Hajo und Elke einen Vertrag zu machen, worin uns Wohnrecht in diesem Haus auf Lebenszeit zugesichert wurde, auch für die Zeit, nachdem wir das Darlehen zurückbekommen hätten. Ich denke, Hajo hätte mich andernfalls sofort aufgefordert, meine Sachen zu packen.

Nach der Nachricht von Elkes Verschwinden war ich wie betäubt. Gott hatte es also nicht verhindert. Er hatte Elke einfach gehen lassen. Was sollte nun geschehen? Würde er sie etwa ganz loslassen? Galt sein Wort für Elke nicht: »Niemand kann sie aus meiner Hand reißen« (Joh. 10,28)? Konnte man sich vielleicht selbst aus Gottes Hand losreißen? Aber er würde dabei nicht tatenlos zusehen. Mich hatte er auch nicht abgehalten, meinen Weg ohne ihn zu versuchen. Erst spät hatte ich diesen Schritt bitter bereut.

Sicher würde auch Elke irgendwann merken, dass es nicht gut ist, ohne Gott zu leben. Nein, ich konnte es nicht glauben, dass Gott sie aufgeben würde, die ihm so vertraut hatte. An ihr hatte man wirklich eine Veränderung erkennen können, nachdem sie Gott in ihr Leben eingeladen hatte.

Auf dem Kalenderzettel fand ich an diesem Morgen einen Text, der mir sehr nahe ging:

»An jedem Abend schließt sich ein Tor.
Nie wieder stehst du wartend davor,
nie wieder wendet dein Fuß sich zurück,
was jenseits liegt, trifft nie wieder dein Blick.
Das freundlich Wort, das du nicht gesagt,
das mutige Wort, das du nicht gewagt,
was immer du auf dem Weg versäumt,
was du vertändelt, was du verträumt,
was du verdorben, verkehrt gemacht,
nie wieder wird es zurechtgebracht.
Doch Einer lebt, voll Gnade und Huld,
dem darfst du bringen all diese Schuld,

dem darfst du nahen zu jeder Frist
und beten: Mein Heiland Jesus Christ,
was ich gelebet, das decke zu,
was ich noch lebe, regiere DU!«

Betroffen gestand ich mir ein: Ich hatte etwas versäumt. Wie hatte ich diese verhängnisvolle Entwicklung bei Elke nicht bemerken können! Ich konnte mir gar nicht vorstellen, dass sie ihre Pläne wirklich in die Tat umsetzen wollte. Deshalb hatte ich es wohl nicht so wichtig genommen. War ich mir so sicher gewesen, dass Gott sie nicht loslassen würde? Oder war ich zu feige gewesen, hatte ich ihre Antwort gefürchtet, die Gewissheit, dass sie wirklich ganz und gar nichts mehr mit Gott zu tun haben wollte?

Würde ich jetzt überhaupt noch mit ihr sprechen können? Sie war mir schon so lange ausgewichen.

Ich werde ihr schreiben, überlegte ich. Ob sie den Brief lesen würde, konnte ich nicht wissen. Doch das sollte mich nicht daran hindern, es wenigstens zu versuchen. Sie sollte ihn erhalten, wenn sie aus Berlin zurückkehrte.

Aber wie konnte ich ihr den Brief zustellen? Mit der Post an sie schicken? Dann würde Hajo ihn öffnen, weil er sicher wissen wollte, was ich meiner Tochter zu schreiben hätte. Und nachher würde er ihr den geöffneten Brief natürlich nicht geben, das war mir klar.

Aber egal, irgendetwas würde ich mir einfallen lassen, damit sie den Brief bekam. Vielleicht könnte Lone »Postbote« sein?

Ich wollte Elke keine Vorwürfe machen, aber ihr doch sagen, was ich über ihr Verhalten dachte. Ich schrieb:

Meine liebe Elke,
wenn Du diesen Brief in Deinen Händen hältst, bist Du von einer Reise zurückgekehrt. Vielleicht bereitest Du schon die nächste, weitere vor. Ich kann Dich nicht daran hindern, außer

durch meine Gebete. Aber ich weiß auch, dass Gott einen viel längeren Atem hat als Du und ich.

Falls Du diesen Brief überhaupt liest, will ich Dir schreiben (sagen kann ich es Dir leider nicht, weil ich dann womöglich heule, und das magst Du nicht leiden und schreist mich an; und das kann ich dann wiederum nicht leiden), dass ich immer für Dich da sein werde, auch wenn Du wieder ohne einen Abschiedsgruß von uns gehen würdest. Ich werde auf Dich warten und für Dich beten. Wie Dein Mann und Deine Kinder Dich bei Deiner möglichen Rückkehr aufnehmen werden, weiß ich natürlich nicht. Aber weißt Du, was ich glaube? Ich rechne fest damit, dass Gott Dir irgendwann, irgendwo begegnen wird, weil er Deine Pläne schon kannte, bevor Du geboren wurdest. Du kennst ja den 139. Psalm: »Wohin soll ich gehen vor deinem Geist, und wohin soll ich fliehen vor deinem Angesicht. Und alle Tage meines Lebens waren in dein Buch geschrieben, die noch werden sollten.«

Gott wusste um diesen Schritt, den Du versuchen würdest, darum wird er Dir in den Weg treten, bevor Du endgültig am Ende bist. Sonst hätte er doch bei Lones Geburt nicht Dein Leben bewahrt, als Du Dich noch zu ihm bekanntest. Er will nicht, dass jemand verloren geht (auch Du nicht). Wohin Du auch vor ihm zu fliehen versuchst – er ist schon da (denke an Jona!). Darum setze ich meine Hoffnung auf das Eingreifen Gottes, das allerdings manchmal auch unangenehm werden kann (siehe Jona), dass Du nicht nur zu uns, Deiner Familie, sondern auch zu Gott zurückkehrst.

Der beiliegende Vers ist vom Kalenderblatt am Tage Deiner Flucht. Dadurch wurde mir bewusst, dass ich viel versäumt habe in unserem Miteinander. Ich möchte Dich um Vergebung bitten, dass ich Dir nicht öfter deutlicher zeigte, dass ich Dich lieb habe. Dass ich mich nicht immer wieder bemühte, die Tür zwischen uns aufzustoßen, die Du zu schließen versuchtest. Dass ich nicht nachhaltiger für Dich betete, als ich bemerkte,

wie Du Dich immer weiter von Gott entferntest. Dass ich nicht geduldiger war, wenn wir miteinander sprachen, was leider immer seltener vorkam.
 Alle diese Vorwürfe mache ich mir und bitte Dich, mir zu vergeben!
 In Liebe und Traurigkeit, *Deine Mutter*

Noch bevor ich wusste, wie dieser Brief in Elkes Hände gelangen könnte, kündigte Evi ihren Besuch an. Sie könnte den Brief überbringen, überlegte ich sofort. Was ich aber zu dieser Zeit noch nicht wusste, war, dass Elke mit ihr in die Karibik reisen wollte.

Als Elke aus Berlin zurückkam, war ihr Flug nach Antigua bereits gebucht. Aber ich konnte Evi vorher den Brief geben, und sie wollte ihn dann während der Reise Elke aushändigen.

Auf einer Grußkarte von Antigua schrieb Elke mir nach drei Wochen, dass sie meinen Brief von Evi erhalten und ihn auch gelesen hätte und dass sie darüber nachdenken wollte.

Kaum war Elke abgereist, hatte Hajo bereits eine Freundin. Sie zog bald in seine Wohnung ein und setzte sich voller Selbstsicherheit durch. Daran änderte sich auch nichts, als Elke zwei Monate später zurückkehrte und sich in Lüchow ein möbliertes Zimmer mietete. Rosi behauptete ihren Platz, ohne dass es ihr im Geringsten unangenehm zu sein schien, und Elke sagte nichts dazu. Sie wollte allerdings auch nicht lange in Deutschland bleiben, sondern hatte die feste Absicht, alle Brücken abzubrechen. Bei Evis nächstem Besuch im Herbst wollte sie mit ihr zusammen für immer Deutschland verlassen, um sich eine Existenz in der Karibik aufzubauen. Solange sie in Lüchow wohnte, kam sie fast täglich, um ihre Kinder zu besuchen. Nur zu den Zeiten, wenn ihre Mutter da war, durften die Kinder auch zu mir kommen.

Das war für Lone besonders hart. Nicht einmal im Garten sollte sie mit mir zusammentreffen. Darum wartete sie den ganzen Tag auf ihre Mutter und war sehr enttäuscht, wenn diese einmal nicht kam.

Ich fragte mich, was Rosi damit bezweckte. Oder hatte Hajo es vielleicht selbst angeordnet, um die Kinder darauf vorzubereiten, dass sie bald auch mit ihrer Großmutter nichts mehr zu tun haben sollten? Wollte er sich für Elkes Verhalten an mir rächen?

Ole litt wohl nicht so sehr unter dem Verbot, denn er war tagsüber meist bei den Nachbarn und auch bisher nur zum Essen zu mir gekommen. Doch jetzt wurde oben gekocht und gegessen, und es gab für ihn keinen Grund, meine Wohnung überhaupt noch zu betreten.

Wenn Elke für immer wegging, verloren die Kinder vielleicht auch noch den Kontakt zu ihrer Großmutter. Aber Lone hing so sehr an mir – und ich an ihr! Doch der Tag von Elkes Abreise rückte unaufhaltsam näher.

Als Evi im Herbst kam, um Elke abzuholen, fehlten ihr noch einige Papiere, die sie aber in wenigen Tagen beschaffen konnte. Evi hatte sich jedoch mit einem Bekannten in London verabredet, den sie nicht warten lassen wollte. Darum sollte Elke sie zunächst nach Hamburg zum Flugplatz bringen; einige Tage später würden sie sich dann in London treffen, um von dort gemeinsam nach Antigua zu fliegen.

Morgens um fünf Uhr hatte Elke da sein wollen, um Evi bei mir abzuholen.

Evi und ich saßen noch beim Frühstück, da rief Elke an. Sie konnte kaum sprechen. Immer wieder stöhnte sie vor Schmerzen und teilte uns stockend mit, dass sie Evi nicht nach Hamburg bringen könne. Sie müsste sofort zum Arzt. Evi sollte Hajo fragen oder ein Taxi bestellen.

Was war passiert? Sehr beunruhigt fragten wir uns das, denn wenn Elke eine Verabredung nicht einhielt, musste etwas Schlimmes vorgefallen sein.

»Ich rufe von England aus an«, versprach Evi. »Vielleicht weißt du bis dahin schon, was mit Elke ist.«

So schwer war mir der Abschied wohl noch nie gefallen. Wenn Evi doch hier bleiben könnte!

Nach und nach beruhigte ich mich, während mir verschiedene Gedanken kamen: Könnte das Gottes Möglichkeit sein, Elke aufzuhalten? Wie sehr hatte ich darum gebetet, dass Gott ihr in den Weg trat und sie zur Umkehr bewegte. Und ich war fest davon überzeugt, dass Gott sie nicht einfach losließ. Wie und wann er etwas bei ihr erreichen würde, das wusste ich nicht. Ich selbst hatte die Erfahrung gemacht, dass es für menschliche Zeitbegriffe lange dauern konnte, bis er etwas unternahm.

Dass sie ausgerechnet an dem Tag, an dem sie uns endgültig verlassen wollte, so starke Schmerzen bekam und nicht einmal Evi zum Flugplatz bringen konnte ...

Einen Bibeltext, der an diesem Tag in meinem Kalender stand, nahm ich als Antwort: »Diese Krankheit ist nicht zum Tode, sondern zur Verherrlichung Gottes« (Joh. 11,4). Gott, ich danke dir! Jetzt weiß ich, dass du meine Tochter festhalten wirst.

Elke rief gegen Mittag an und teilte mir mit, dass Evi allein nach Antigua fliegen müsse. Sie habe erst eine Spritze gegen die wahnsinnigen Schmerzen bekommen und solle morgen zur Gallenoperation in die Klinik kommen.

Ob sie darin wohl Gottes Wirken suchte? Früher war es für sie immer die erste Frage gewesen, was Gott ihr sagen wollte, wenn ihre eigenen Vorstellungen sich nicht umsetzen ließen. Hoffentlich dachte sie auch jetzt darüber nach.

Für mich stand jedenfalls fest: Gott hatte eingegriffen! Ich hatte es doch oft genug erlebt, dass er seine Pläne mit uns ausführte, notfalls auch gegen unseren Willen, aber immer zu unserem Besten. Dennoch tat mir Elke mit ihren Schmerzen natürlich leid. Ob sie jetzt wohl wie ich an Jona dachte, der vergeblich versucht hatte, vor Gott zu fliehen?

Zwei Wochen blieb Elke im Krankenhaus, dann machte sie

neue Pläne. Die Nachuntersuchung wollte sie noch abwarten, aber danach sofort abreisen, zumal sie alle notwendigen Papiere nun längst vollständig erhalten hatte.

Sie besuchte die Kinder häufiger als vorher. Darüber freute sich nicht nur Lone. Für mich war es auch eine Gebetserhörung: Ich machte mir um das Kind große Sorgen, besonders seit ich erfahren hatte, dass Rosi plante, Lones Gürtelrose durch Besprechen von einem Heiler behandeln zu lassen. Ganz zufällig hatte ich die Hautveränderungen gesehen, als Lones Pullover hochgerutscht war. Ich hatte Rosi gefragt, ob sie schon mit der Kleinen beim Arzt war. Sie hatte ziemlich unfreundlich geantwortet, dass sie beim Arzt gewesen sei, aber die Salbe, die sie bekommen habe, wirke überhaupt nicht. Sie nannte mir den Namen eines Heilers, zu dem sie mit ihr gehen wollte. Ich wusste, dass er alle Krankheiten durch Besprechen zu heilen versuchte.

Zutiefst erschrocken hatte ich sie gebeten, es auf gar keinen Fall zu tun. Auch Hajo hatte ich gesagt, welche schwerwiegenden Folgen ich für Lone befürchtete. Doch entweder er glaubte es nicht oder es war ihm gleichgültig. Ich konnte also nur Gott bitten, es zu verhindern. Auch meine Hauskreisfreunde informierte ich und bat sie um Gebetshilfe.

Und Gott griff ein. Die Gürtelrose heilte sehr schnell ab, noch bevor Rosi mit Lone den Heiler aufsuchen konnte. Aber nicht lange danach wurde ich durch ein anderes Geschehen beunruhigt.

An einem Vormittag hatte Hilde mich besucht, eine Frau, die nicht nur meine, sondern auch Lones Freundin war. Sie fragte mich befremdet, warum Lone so mutterseelenallein am Bordstein säße und ihr nicht einmal zugewinkt habe. »Sonst kommt sie mir doch schon von weitem entgegen, wenn sie mich sieht, aber heute tat sie so, als würde sie mich gar nicht kennen. Was kann denn mit dem Kind los sein?«

»Ich habe sie heute noch gar nicht gesehen. Sie darf nur zu mir kommen, wenn ihre Mutter hier ist«, sagte ich traurig.

Wir unterhielten uns lange, bis sie sich nach etwa zwei Stunden verabschiedete. Ich sah ihr vom Fenster aus nach, als sie mir von der Einfahrt aus zurief: »Das Kind sitzt ja immer noch hier! Komm doch mal raus! Was hat sie bloß? Mir gibt sie keine Antwort.«

Verwundert ging ich zur Straße, an der Lone fast unbeweglich saß, und sprach sie an, fragte sie, warum sie hier so ganz allein säße und warum sie nicht mal zu mir kommen wolle. Da erhob sie sich, ging schweigend an mir vorbei ins Haus, so als hätte sie mich gar nicht wahrgenommen.

Wie lange mochte sie wohl schon dort gesessen haben, bevor Hilde kam? Da konnte etwas nicht stimmen! Wenn ein sonst so lebhaftes Kind mehr als zwei Stunden unbeweglich am Straßenrand saß ...

Mir kam ein erschreckender Verdacht, der gleichzeitig abwegig und auch einleuchtend war: Stand das Kind unter hypnotischem Einfluss? Hatte Rosi sie von dem Heilpraktiker behandeln lassen, um sie von mir fernzuhalten? War so etwas möglich? Was konnte ich unternehmen? Auf Elke warten? Nein, das dauerte zu lange. Ich war sehr aufgewühlt und betete. Ich schrie zu Gott um Hilfe für das Kind. Wenn sie wirklich hypnotisiert worden war, konnte Jesus Christus sie befreien. Er hatte gesagt: »Mir ist gegeben alle Gewalt im Himmel und auf Erden« (Matth. 28,18).

An diesem Nachmittag kam Elke schon früher als sonst, und Lone lief ihr begeistert entgegen. Nichts deutete auf ihr seltsames Verhalten vom Vormittag hin. Sie erzählte ihrer Mutter auch nicht, dass sie stundenlang an der Straße gesessen hatte. Ich erwähnte ebenfalls nichts davon, fragte nicht, warum sie Hilde nicht begrüßt hatte und an mir vorbeigegangen war, als hätte sie mich nicht gesehen. Hatte ich mich doch geirrt?

Am folgenden Morgen frühstückte ich gerade, da hörte ich

leise Schritte auf der Treppe. Ich wäre nur zu gern hinausgegangen, um meine Enkelin zu begrüßen, aber ich hielt mich zurück. Ich wollte auf keinen Fall, dass sie womöglich noch mit Rosi Schwierigkeiten bekam. Während ich noch hin- und hergerissen war, wurde die Tür vom Flur her aufgestoßen, Lone sah sich scheu um, blickte zurück zur Treppe, stieß dann mit dem Fuß die Tür hinter sich zu und flog jubelnd in meine Arme: »Ich hab's geschafft! Ich hab's geschafft!«

Ich drückte sie ganz fest und fragte: »Was hast du geschafft, mein Schatz?«

»Na, ich bin oben weggekommen!«, rief sie und klammerte sich an mir fest.

Vielleicht war meine Vermutung doch richtig gewesen. Ich bedankte mich bei Gott, dass er Lone geholfen hatte.

Obwohl Lone zu dieser Zeit wahrscheinlich gar nicht wusste, was mit ihr geschehen war, hatte es doch einen nachhaltigen Eindruck in ihrem Unterbewusstsein hinterlassen. Denn nach Jahren, als sie schon lange zur Schule ging, protestierte sie noch energisch gegen jede Art von fremder Einflussnahme und Suggestion.

Elke erzählte ich auch später nichts von der Sache. Aber offensichtlich hatte Lone sich bei ihr beklagt, dass sie mich nicht immer besuchen durfte, wenn sie Lust dazu hatte. Elke nahm es als willkommenen Anlass, Hajo zur Rede zu stellen. Sie drohte ihm, den noch nicht rechtskräftigen Vertrag zu annullieren, falls er nicht dafür sorgte, dass die Kinder jederzeit zu mir kommen dürften.

Das wirkte. Nun war Lone sehr viel bei mir. Manchmal bestand sie sogar darauf, bei mir schlafen zu dürfen. Das war eine schöne Zeit für uns beide.

Besonderen Spaß machte es mir, mich mit Lone zu unterhalten. Sie sagte lustige und kluge Dinge auf ihre ganz eigene, unnachahmliche Weise.

Schon bei meinen Kindern hatte ich manchmal versucht,

einige ihrer originellen Aussprüche aufzuschreiben, aber damals fehlte mir die Zeit. Jetzt hingegen, wo ich mich ausschließlich mit Lone beschäftigen konnte, kam ich dazu.

Sie wollte allen gern eine Freude machen, besonders denen, die sie liebte. Und wenn jemand traurig war, musste dagegen etwas unternommen werden.

Kinderlieder, wie zum Beispiel »Hänschen-Klein« mochte sie nicht. Wenn sie sie dann doch mal hörte, weinte sie mit der Mutter, die über das Hänschen weint.

Ich hatte ihr einige Lieder- und Hörspielkassetten von christlichen Verlagen besorgt, die sie sehr gern mochte. Ihre Lieblingskassette vom Guten Hirten hörte sie immer und immer wieder und sang dabei die Lieder mit.

Ganz besonders aufmerksam hörte sie am Schluss der Kassette zu, wenn es um Jesu Kreuzigung ging. Sie weinte und wollte diesen Jesus am liebsten selbst trösten.

»Ich lass den Jesus nicht allein«, sagte sie dann zu mir.

Wenn ich ihr vor dem Einschlafen eine Geschichte erzählen sollte, wollte sie eine aus der Bibel hören: »Die Geschichten aus der Bibel sind wenigstens wahr.«

In der Adventszeit brachte sie Sterne, die sie im Kindergarten ausgeschnitten hatte. Damit beklebte sie nun meine Fenster und erklärte mir: »Die hab' ich für Jesus dahin geklebt, dass der sich freut. Der kann sie doch sehen? Und der freut sich doch bestimmt darüber, oder?«

Einmal beobachtete sie mich, wie ich von den Zimmerpflanzen welke Blätter abzupfte, und fragte, ob die alle schlecht geworden seien.

»Ja«, antwortete ich, »die sind tot. Auch Blätter und Blumen müssen sterben.«

Eine Weile war sie still und dachte darüber nach. Dann stand sie vor mir und strahlte mich an: »Ich möchte so lange leben, wie der liebe Gott!«

»Das kannst du auch, weil du Jesus gern hast«, antwortete ich.

»Du kannst dann mit allen anderen, die ihn lieben, im Himmel sein und so lange leben wie Gott. Im Himmel stirbt man nicht mehr.«

Daraufhin versuchte sie sich auszumalen, wie es im Himmel sein würde und was es da alles gäbe: ein Fahrrad ohne Stützräder, schöne Puppen mit ganz langen Haaren, die man richtig frisieren kann, Kuchen backen ohne Küche putzen und noch vieles mehr. Zum Schluss meinte sie sehr ernst: »Ich hab' Jesus ganz doll lieb. Du doch auch, oder?«

Einmal kam sie mit Tränen in den Augen zu mir.

»Was ist denn los, meine Kleine?« fragte ich sie.

»Ich bin so traurig, dass ich immer so schlechte und böse Wörter sage. Das will ich gar nicht, aber ich sag's doch immer wieder. Darum bin ich so traurig.«

Als ich mich einige Tage lang wegen heftiger Rückenschmerzen kaum bewegen konnte, meinte sie: »Oma, vielleicht musst du jetzt so still liegen, damit du Gott richtig zuhören kannst.«

»Daran habe ich auch schon gedacht«, meinte ich, »aber ich weiß nicht, was er mir sagen will.«

»Du kannst ihn doch fragen.«

»Ja, das habe ich auch schon getan, aber ich habe, glaub' ich, nicht richtig verstanden, was er meinte.«

»Vielleicht sagt er's dir ja noch mal, in der Nacht, da ist es noch leiser und man kann besser zuhören.«

Lone tat mir so gut. Ich bedankte mich bei Gott für sie und bat ihn, dass auch ich Lone gut tun würde.

Wenn mir dann und wann Zweifel kamen, ob ich wirklich dazu geeignet war, dann bekam ich meist sehr schnell die Antwort. Lone streckte mir ihre Arme entgegen, und mit strahlenden Augen versicherte sie: »Omi, ich hab' dich so, so, so lieb! Du darfst niemals von mir weggehen!«

Als ich einmal erstaunt fragte: »Warum sollte ich denn weggehen? Ich wohne doch hier!« erläuterte sie mir:

»Wenn aber Rosi und Papa dich immer so doll ärgern? Gehst du dann auch nicht weg?«

»Ach was, das nehm' ich gar nicht ernst, was die alles sagen.«

»Und wenn Jesus kommt und dich in den Himmel holt?«

»Na, der nimmt dich dann doch auch mit. Alle die ihn gern haben, nimmt er dann mit.«

»Auch Mami?«

Ich zögerte einen Augenblick und sagte dann: »Ich denke schon, auch Mami. Wir beide beten doch immer für sie, dass sie wieder mit Jesus redet und ihn auch wieder gern hat. Und Hilde betet auch für sie, und meine Freunde im Hauskreis.«

»Glauben die auch alle an Gott? Das sind ja dann ziemlich viele! Die kann er dann alle auf einmal mitnehmen?«

Nach diesem Gespräch betete sie noch eindringlicher für ihre Mutter, dass sie doch wieder mit Jesus reden sollte. Jede Gelegenheit nutzte sie, um Elke ihre Lieblingskassetten vorzuspielen, und sie war glücklich, wenn sie meinte, Elke höre auch wirklich zu.

Die Nachuntersuchung bei Elke war nicht ganz eindeutig. Der Arzt riet ihr, bald noch einmal zu kommen. Es ging ihr zwar gut, und sie glaubte auch nicht, dass weitere gesundheitliche Probleme ihre Reise behindern würden, aber vorsichtshalber wollte sie auch die letzten Zweifel ausräumen, bevor sie abfuhr. Ob sie jetzt wirklich fahren würde? Ich war wieder sehr besorgt.

Wie würde es weitergehen, wenn Elke nicht darauf achtete, dass Lone zu mir kommen durfte? Wie würde sich Hajo mir gegenüber verhalten? Immer unruhiger sah ich dem Tag entgegen, an dem Elke Deutschland für immer verlassen wollte.

Doch inzwischen zeigte Gott mir, dass er auf mich achtete: Seit einigen Wochen gingen Ella und ich im Dorf zu einem neu eingerichteten Hauskreis. Wir brauchten nicht mehr so weit zu fahren. Aber hier fehlte uns der Gitarrenspieler, und bei der jungen Gastgeberfamilie gab es auch kein Klavier. Darum hatte ich mir ein kleines Keyboard schicken lassen, um damit auch die Melodien unbekannter Lieder begleiten zu können. Dieses Instrument hatte ich gerade ausgepackt, als Hajo hereinkam, um mit mir etwas zu besprechen. Ole und Lone waren schon da. Sie hatten das große Paket gesehen und waren neugierig, was zum Vorschein kommen würde.

Hajo steuerte sofort auf das Instrument zu und wollte den Kindern zeigen, was man damit alles machen konnte.

»Passt mal auf«, sagte er, »ich mache euch mal vor, wie Leute die Treppe runtergehen!«

Gewichtig und mit Nachdruck schlug er die Töne an, über die gesamte Tastatur, von oben bis unten. »Das war Vater«, erklärte er. Danach demonstrierte er, wie Kinder die Treppe hinunter gehen. Er begann wieder ganz oben und hüpfte mit kleinen, leichten Sprüngen über die Tasten bis zu den tiefen Tönen. Zuletzt kam Oma. Mit dem Daumen rutschte er über die Tastatur bis unten hin, wo er mit einer schrillen Dissonanz endete.

Das fanden wir alle witzig und lachten darüber. Es war als Scherz gemeint, und so empfand ich es auch. Erst einige Tage später wurde ich nachdenklich.

Es war morgens und Zeit für die Kinder, zur Schule zu gehen. Ich hörte, wie jemand die Treppe herunter kam, und meinte, es sei Ole. Plötzlich waren es keine Schritte mehr, sondern nur noch lautes Rutschen und Poltern.

Ich erschrak und lief sofort hinaus, um zu sehen, ob Ole sich verletzt hatte. Doch an der untersten Treppenstufe kauerte sehr kleinlaut und unglücklich nicht Ole, sondern sein Vater.

Nachdem ich mich vergewissert hatte, dass ihm nichts passiert war, konnte ich herzlich lachen und musste natürlich sofort daran denken, was Hajo am Keyboard demonstriert hatte. »Ich dachte, so gehen Omas die Treppe runter«, konnte ich mir nicht verkneifen spöttisch zu sagen.

Sehr verlegen stand Hajo auf und ging ohne eine Antwort hinaus. Zuerst fand ich es ein wenig hart, dass er auf diese Weise lernen musste, dass auch Väter auf der Treppe ausrutschen können. Aber dann wusste ich, dass Gott nicht nur Hajo etwas hatte sagen wollen, sondern vor allem mir etwas deutlich machte: Sieh doch, wie ich dich im Auge behalte! Wenn ich dir schon in so alltäglichen Situationen zeige, dass mir nichts entgeht, warum fürchtest du dich? Warum meinst du, ich würde dich verlassen, wenn du wirklich in Not bist?

Das war sehr ermutigend für mich, und ich erinnerte mich noch oft an die Szene.

Inzwischen hatte Elke vom Arzt eine Kontrolluntersuchung machen lassen. Bei der Ultraschalluntersuchung wurde ein kleiner Punkt auf der Leber entdeckt, den man sicherheitshalber im Auge behalten musste. Der Arzt legte ihr nahe, mit ihrer Reise noch zu warten. Na schön! Dann musste sie sie eben bis zu Evis nächstem Besuch verschieben. Wenn es nun schon so lange gedauert hatte, dann brauchte sie wenigstens nicht allein zu fliegen.

Lone hustete schon seit einiger Zeit sehr stark. Auch Medikamente bewirkten kaum eine Besserung, und wir überlegten miteinander, ob es wohl gut für sie wäre, eine Kur an der Nordsee zu machen. Der Arzt befürwortete unsere Idee, und sofort wurde der Antrag gestellt.

Aber wer sollte sie begleiten? Allein wollte sie auf keinen Fall verreisen.

»Könntest du nicht mit ihr fahren?« fragte Elke mich.

Ich überlegte nicht lange. Ich konnte mir jetzt einen Urlaub leisten, und sicher würde mir die Seeluft auch gut tun.

Auf Amrum bekamen wir in der Nachsaison noch ein Appartement. Elke brachte uns bis zur Fähre und wollte versuchen, auch für ein paar Tage zu kommen. In dem Appartement war genügend Platz für uns drei.

Es war eine wunderschöne Zeit. Die Seeluft tat uns beiden gut. Die Besitzer des Hauses waren sehr freundlich und zuvorkommend, das Wetter herrlich. Wir konnten fast jeden Tag am Strand sein, sammelten Unmengen von Muscheln und schönen Steinen, ließen die Wellen über unsere Füße spülen und sangen ausgelassen alle Lieder, die wir von den Kassetten kannten. Lone sang so laut, dass sie das Rauschen des Meeres übertönte und manche Kurgäste ihr freundlich zulächelten. Eine ältere Dame schenkte ihr sogar drei Mark.

Nur eine Wattwanderung wollte sie um keinen Preis mitmachen. Sie hatte zu Hause die verfilmte Geschichte vom »Nesthäkchen« gesehen, das auf Amrum zur Kur war und bei einer Wattwanderung den Anschluss an die anderen Kinder verlor und fast ertrunken wäre. Nein, das war ihr zu gefährlich. Auch mit einem ortskundigen Führer wollte sie auf keinen Fall dort hinaus.

Ihr Husten war sehr viel besser geworden, und sie wirkte gesund und erholt. So einen schönen Urlaub wollten wir beide gern noch einmal machen. Aber im nächsten Jahr würden wir auf die Ferien warten müssen, denn Lone sollte bald zur Schule kommen.

Der Rucksack, den ich ihr gekauft hatte, sah einer Schultasche sehr ähnlich. Deshalb war sie besonders stolz auf ihn. Sie nahm ihn überallhin mit, um ihre Schätze vom Strand darin nach Hause zu tragen. Immer wieder vergewisserte sie sich, dass sie damit wie eine Schülerin aussah. Auf keinen Fall durfte ich jemandem verraten, dass sie erst fünf Jahre alt war.

Am Ende der zweiten Woche besuchte Elke uns. Lone wich ihrer Mutter nicht von der Seite, und nachts durfte sie sogar in ihrem Bett schlafen. Sie war überglücklich.

Beim Abschied nach drei Tagen gab es Tränen. Und als uns nach vier Wochen Lones Papa abholte, erklärte sie ihm sehr bestimmt, dass sie im nächsten Jahr wieder mit der Oma auf Amrum Urlaub machen würde.

Von Evi war inzwischen die Nachricht gekommen, dass sie uns erst im kommenden Frühjahr wieder besuchen wollte. Wahrscheinlich würde sie zusammen mit ihrem Freund kommen – die beiden planten bereits ihre Hochzeit. Sie hatte seinetwegen ihre Pläne geändert: Auf Antigua wollte sie nicht länger bleiben. Bo würde seine Yacht von dort holen, damit nach Europa segeln und sich dann in Schweden niederlassen.

Auch Elke riet sie, es sich noch einmal gut zu überlegen, ob sie für immer in die Karibik gehen wolle. Ein Urlaub dort sei wunderschön, aber seinen Unterhalt zu verdienen ziemlich schwierig.

Mir fiel ein Stein vom Herzen! Allein würde Elke ganz bestimmt nicht dort leben wollen, das war sicher. Vielleicht bleibt sie dann doch zu Hause oder wenigstens in unserer Nähe?

Noch bevor Evi kam, musste Elke erneut ins Krankenhaus. Der Punkt auf der Leber, den der Arzt beobachtet hatte, war zu einer riesengroßen Geschwulst angewachsen, und die musste dringend entfernt werden. Hoffentlich war diese Geschwulst harmlos!

Nach der Operation fühlte Elke sich sehr schwach und fragte mich kleinlaut, ob sie für ein paar Tage bei mir bleiben könne.

Lone war glücklich. Auch wenn es ihrer Mutter nicht so gut ging, fand sie es wundervoll, dass sie nun wenigstens vorübergehend hier wohnte. Sie wich kaum von ihrem Bett, und als Elke nach einigen Tagen meinte, sie könne nun wieder in ihre Stadtwohnung ziehen, versuchte sie unter Tränen, Elke umzustimmen.

»Ich hab' dich doch so lieb! Und Oma doch auch. Ich bring' dir was zu Essen und zu Trinken und kümmer mich um alles. Mama, bleib hier!«

»Das geht nicht«, sagte sie, ein bisschen zu schroff. »Ich muss ja auch wieder Geld verdienen.«

»Du kannst doch auch hier an deinem Computer arbeiten. Oma hat bestimmt nichts dagegen.«

Elke blieb hart. Manchmal hatte ich den Verdacht, dass sie

unbewusst ihrer kleinen Tochter anlastete, was sie an Schwierigkeiten seit deren Geburt erlebt hatte.

Ich konnte die Enttäuschung des Kindes nicht mehr mit ansehen und mischte mich ein:

»Lone hat Recht, du könntest wirklich hier arbeiten. Tu ihr doch den Gefallen. Schließlich ist sie doch deine Tochter und hat dich wirklich lieb.«

»Ich kann nicht, und ich will auch nicht!«

Sie ging hinaus. Auf dem Hof öffnete sie den Kofferraum ihres Autos und packte etwas hinein.

Lone drückte sich an mich und sah zu mir auf: »Ich bete jetzt dafür, dass Gott Mama nicht wegfahren lässt!«

»Ja, meine Kleine, wir werden beide dafür beten!«

Als Elke wieder hereinkam, hatte Lone bereits ihre Lieblingskassette im Kassettenrekorder und flüsterte mir zu: »Ich werde Mama meine schönste Kassette vorspielen, die vom guten Hirten. Ich mach's ganz laut, dass sie es bestimmt hört.«

Aber Elke schien nicht darauf zu achten. Enttäuscht kam Lone wieder zu mir: »Sie sagt gar nichts.« Aber anstatt aufzugeben, fragte sie ihre Mutter nun: »Ist dir die Kassette nicht zu laut? Stört dich das?«

Elke blätterte gelangweilt in einem Heft und schüttelte den Kopf: »Nein, das stört mich nicht.«

Etwas fröhlicher kam Lone wieder zu mir: »Wenn sie sagt, dass es sie nicht stört, mag sie die Geschichten und Lieder vielleicht auch.«

Vor dem Einschlafen betete sie: »Lieber Gott, mach doch, dass meine Mama bei uns bleibt!«

In der Nacht fror es kräftig, und Elkes Auto sprang am Morgen nicht an. Die Batterie schien leer zu sein. Achselzuckend meinte sie: »Dann muss ich doch noch eine Nacht hier bleiben. Vielleicht kann Roland mir heute Abend eine neue Batterie besorgen.«

Lone strahlte und flüsterte mir zu: »Das hat Gott gemacht! Nun kann Mama doch nicht wegfahren.«

Roland baute eine neue Batterie ein, aber am nächsten Morgen sprang das Auto noch immer nicht an. Elke telefonierte mit der Werkstatt und ließ jemanden kommen. Darüber verging der halbe Tag. Erst gegen Abend konnte sie starten, und eine sehr traurige Lone sah ihr nach. Doch wenige Minuten später war Elke wieder zurück – ohne Auto.

»Ich weiß nicht, was los ist. Ich bin bloß bis zur nächsten Kreuzung gekommen, da war's schon wieder aus.«

Jetzt verriet Lone ihr, dass sie gebetet und was sie sich von Gott gewünscht hatte.

»Du warst das? Pass mal auf, Lone, du brauchst nicht länger zu wünschen, dass mein Auto kaputt sein soll. Wenn's morgen nicht geht, werd' ich mir ein neues kaufen. Ich bleib' ganz sicher nur noch eine Nacht hier!«

»Was meinst du, Oma«, fragte Lone mich leise, »soll ich weiter beten?«

»Na, vielleicht lässt du es erst mal. Aber wir werden beide beten, dass deine Mutter bald wieder ganz zu uns zieht. Wenn Gott das will, dann wird er das wohl auch schaffen.«

Damit war sie einverstanden. Nach dieser eindrucksvollen Erfahrung mit dem Gebet traute sie Gott alles zu.

Und bald gab es die ersten Anzeichen dafür, dass auch Hajo es gern sehen würde, wenn Elke wieder zurückkäme. Jedenfalls unterhielt er sich auf dem Hof mit ihr, und Lone drängte sich zwischen beide und meinte, sie sollten sich doch vertragen. Dann könnte Elke doch auch wieder hier wohnen.

Von Ole wusste ich, dass Rosi und Hajo immer öfter Streit miteinander hatten. Ole meinte, sein Vater würde sich das wohl nicht mehr lange gefallen lassen. Aber er befürchtete auch, dass Hajo nicht den Mut haben würde, Rosi wegzuschicken. Warum nicht, das sagte er nicht, nur soviel, dass Hajo Rosi nicht heiraten wolle, wie sie es wohl wünschte. Immerhin, es war etwas in Bewegung geraten.

Es ist der Herr!

*»Wahrlich, das ist Gott, unser Gott ... Er ist's, der uns führet.«
(Psalm 48,15)*

Bald nach Lones sechstem Geburtstag kam Evi mit ihrem Freund für wenige Tage zu Besuch. Sie brauchte Elke nicht mehr abzuraten, nach Antigua auszuwandern; Elke konnte überhaupt keine Zukunftspläne mehr machen, dazu ging es ihr viel zu schlecht. Die Geschwulst an der Leber war entfernt worden. Sie war nicht bösartig, aber es gab noch eine weitere, die man beobachten musste.

Auch wenn sie nie klagte, bemerkte ich doch, dass sie sich sehr elend fühlte. Warum sagte sie nichts? Fürchtete sie, dass ich sie an das erinnern würde, was ich ihr in dem Brief damals schon geschrieben hatte: dass Gott sie nicht einfach loslassen würde?

Sie tat mir so leid. Hoffentlich erkannte sie jetzt, dass sie vor Gott nicht fliehen konnte, wenigstens nicht so weit, wie sie es wohl wünschte. Oder wollte sie es gar nicht mehr? Wagte sie nur nicht umzukehren und Gott um Vergebung zu bitten? Konnte sie nicht glauben, dass er ihr vergeben würde, dass er schon lange auf ihre Rückkehr wartete, wie der Vater auf den Sohn gewartet hatte, in dem Gleichnis, das Jesus erzählte? Sie musste doch irgendwie den Mut finden und den Schritt wagen!

Immerhin kam sie jetzt regelmäßig zu ihren Kindern. Sie holte Lone abends im Kindergarten ab und kümmerte sich um Ole, der ihr gegenüber wieder offener war. Auch ihn hatte es sehr verletzt, dass sie einfach weggegangen war.

Oft nahm sie die beiden mit zum Einkaufen, und am Sonntag war sie meist den ganzen Tag mit ihnen unterwegs, fuhr nach Hamburg oder Hannover auf die Rennbahn oder bei gutem Wetter an einen Badesee.

Einmal rief Lone bei mir an, um mir zu sagen, dass sie vom Kindergarten aus mit zu ihrer Freundin gegangen sei und dass Elke sie erst eine Stunde später dort abholen würde. Als die beiden dann zu mir hereinkamen, war Lone sehr aufgebracht. Empört erzählte sie mir: »Weißt du, Oma, was Anna zu deiner Tochter gesagt hat?«

Amüsiert fragte ich, während ich meinen Blick von Lone auf die hinter ihr stehende Elke richtete: »Nein. Zu meiner Tochter? Wo ist denn meine Tochter?«

Elke schmunzelte, Lone drehte sich zu ihr um, zeigte auf sie und erklärte: »Na zu ihr – zu meiner Mami!«

Ich versuchte ernst zu bleiben: Für Lone war offensichtlich etwas sehr Schwerwiegendes und Bedeutungsvolles vorgefallen.

»Ich weiß es nicht. Was hat sie denn zu meiner Tochter gesagt?«, erkundigte ich mich interessiert.

»Die hat ›blöde Kuh‹ zu ihr gesagt! Mit der spiel ich nie mehr! Das darf die nicht zu meiner Mama sagen.« Sie war wirklich sehr entrüstet über diese unverschämte Beleidigung.

Sie fragte oft danach, warum ihre Mutter nicht wieder hier wohnen wolle. Bestimmt, so glaubte sie, würde Rosi ausziehen, wenn sie käme.

»Die geht nicht freiwillig hier weg«, hörte ich Elke sagen. »Wenn Papa sie nicht rauswirft, bleibt sie. Ich könnte höchstens versuchen, ihr das Leben so schwer wie möglich zu machen, bis sie genug hat und ihre Sachen packt. Aber ich glaube, dass die mehr Ausdauer hat als ich.« Dann wandte sie sich direkt an mich: »Kannst du mir dabei nicht helfen? Du hast doch auch mitzuentscheiden, solange du das Geld nicht zurückbekommen hast, das ihr uns für das Haus geliehen habt.«

»Ich kann dafür beten, aber bei irgendwelchen Gemeinheiten kann ich nicht mitmachen.«

»Na schön, dann bete wenigstens«, meinte sie ein bisschen verärgert. »Aber das tust du doch sowieso.«

»Stimmt!«, gab ich zu. »Ich bete dafür, weil ich mir wünsche, dass eure Kinder wieder wissen, wohin sie gehören, dass sie wieder ein richtiges Zuhause haben.«

Elke gab keine Antwort, aber ich wusste jetzt, dass sie tatsächlich gern zurückkommen würde, wenn es möglich wäre. Das war ein Lichtblick!

Und bald gab es mehr Zeichen dafür, dass Gott Wege ebnete, um Elkes Rückkehr vorzubereiten. Hajo wurde angeboten, den Bezirk eines anderen Mitarbeiters, der wegen verschiedener Unregelmäßigkeiten nicht mehr tragbar war, mit zu übernehmen. Allerdings würde er dann ein Büro in Lüchow einrichten müssen. Wenn er darauf einginge, dann brauchte er mein Zimmer nicht mehr, das ich ihm nach Erhards Tod überlassen hatte. Das könnte Elke dann für sich einrichten. Es dauerte gar nicht lange, bis Hajo selbst diesen Vorschlag machte.

Vorsichtig fragte ich, ob Rosi denn damit einverstanden sei. »Das geht die doch gar nichts an«, meinte Hajo achselzuckend und ziemlich kühl.

Als Rosi es dann schließlich erfuhr, versuchte sie mit allen Tricks, mich aus dem Haus hinauszuekeln. So unfassbar es war, sie verbreitete unglaubliche Lügengeschichten über mich: Ich würde stehlen, nichts wäre vor mir sicher, nicht einmal die Wäsche auf der Leine. Und aus der Tiefkühltruhe, die im gemeinsam genutzten Keller stand, würde ich mich auch ständig bedienen.

Ob ihr jemand glaubte, wusste ich nicht, aber Hajo schien doch etwas verunsichert zu sein. Und mir fiel es natürlich nicht leicht, Rosis Verleumdungen gelassen hinzunehmen. Manchmal half mir nur ein Stoßgebet, wenn ich merkte, dass ich beinahe anfing, sie wirklich zu hassen.

Die Ansprache eines Seelsorgers im Evangeliums-Rundfunk (ERF) half mir in dieser Situation. Und sein Rat prägte auch mein weiteres Leben ganz entscheidend. Der Seelsorger empfahl, täglich mindestens zehn Erlebnisse oder Dinge aufzuschreiben, für die man danken kann, auch oder gerade dann, wenn man sehr entmutigt und niedergeschlagen ist.

Ich begann sofort damit. In einem Ringbuch schrieb ich am Abend alles auf, worüber ich mich gefreut und was ich Schönes erlebt hatte. Zu meiner großen Überraschung waren es immer mehr als zehn Dinge, für die ich danken konnte: Erlebnisse mit Lone, lange entbehrter Sonnenschein oder auch zur rechten Zeit kommender Regen, Gesundheit, Worte aus der Bibel, die mich jeden Tag ein wenig aufbauten, Andachten im ERF, die mir Antworten auf meine Fragen gaben, der Besuch einer Freundin, ein Gespräch mit der Nachbarin, die Gelassenheit, auch bei schlimmsten Kränkungen durch Rosi ruhig zu bleiben, die wunderschönen Farben der Blumen, die Lone mir gepflückt und »eingeblümst« hatte, wie sie es nannte, wenn sie Blumen in die Vase stellte.

Es war wirklich erstaunlich, wie viel Erfreuliches ich trotz meiner Sorgen erlebte. Dieses Ringbuch und noch viele danach zeigten mir immer wieder, dass Gott mein Leben auch in schwierigen Phasen gestalten und bereichern kann. Jedes Mal, wenn ich in den Büchern blätterte, freute ich mich neu darüber.

In diesem Sommer kam Evi aus der Karibik nach Hause. Nach einer großen Enttäuschung hatte sie alle Brücken hinter sich abgebrochen: Ihr Freund hatte sie betrogen, ausgenutzt und schließlich verlassen.

Ich wünschte, ich hätte Evi helfen können. Jetzt war ich mit ihr traurig, denn ich hatte gehofft, Evi würde einen liebevollen und verantwortungsbewussten Partner finden.

Ein Losungswort brachte mir in dieser Situation Hilfe: »Freuet euch! Sorgt euch um nichts! Lasst eure Bitten mit Danksagung vor Gott kund werden!« (Phil. 4,4+6)

Es war gut zu wissen, dass ich alles meinem Herrn übergeben durfte!

Evi fand schon nach kurzer Zeit wieder einen Freund, einen Mann, der wie sie und Elke zur Rennbahn fuhr. Er kam aus

München und hielt Rennpferde, hatte auch eine Zuchtstute und war ständig in Geldnot.

Ich war zwar nicht so glücklich über diese Beziehung, aber ich wollte auch diese Sache in Gottes Hand legen »mit Bitten und Danksagung«.

Auch Hiob hatte immer wieder für seine Kinder gebetet, weil er meinte: »Meine Söhne könnten gesündigt und Gott abgesagt haben in ihrem Herzen« (Hiob 1,5). So betete ich auch für meine Kinder. Gut, dass es diese Beispiele in der Bibel gibt!

Inzwischen ging Lone schon zur Schule. Ihre Mutter hatte sie am ersten Tag begleitet, dann ging sie selbstbewusst allein. Sie war überhaupt nicht schüchtern oder ängstlich, wie Ole es so lange gewesen war.

Doch ihre Bronchitis wurde nach der kurzfristigen Besserung, die der Aufenthalt an der See bewirkt hatte, ständig schlimmer. Der Hals-Nasen-Ohren-Arzt meinte, es könne an den Polypen liegen und riet dazu, sie entfernen zu lassen. Sobald eins seiner Belegbetten frei wäre, wollte er uns benachrichtigen, um die Operation bei Lone vorzunehmen.

Da ich seit einiger Zeit von Elke und ihrer Familie nur wenig in Anspruch genommen wurde, hatte ich mich zu einer Israel-Konferenz in der Nähe von Pforzheim angemeldet. Zwei Freundinnen aus dem Hauskreis wollten mich begleiten. Ich übernahm es, für uns Fahrkarten und Zimmer zu bestellen.

Fünf Tage würde ich unterwegs sein, einschließlich Hin- und Rückfahrt, und weil Elke sich um Lone kümmern konnte, gab es eigentlich keine Probleme. Ich freute mich schon sehr darauf.

Doch als der Termin näher rückte, tauchten plötzlich Hindernisse auf: Elke war einige Tage zuvor auf der Rennbahn ohnmächtig geworden, und ihre Ärztin hatte ihr geraten, sich im Krankenhaus gründlich untersuchen zu lassen.

Kaum war diese Untersuchung ohne klaren Befund abgeschlossen, bekam sie Bescheid vom HNO-Arzt, dass Lone nun zur Operation nach Uelzen kommen konnte. Die Sache sollte nur drei Tage in Anspruch nehmen, zum kommenden Wochenende sei sie bestimmt wieder zu Hause.

Das war ausgerechnet das Wochenende, an dem die Israel-Konferenz stattfinden würde. Zur gleichen Zeit wollte Elke nach München fahren, wo Evis Freund Klaus »Fritz«, sein jüngstes Rennpferd, zu seinem ersten Rennen angemeldet hatte.

Elke befasste sich schon seit Jahren mit Rennpferden. So hatte sie selbstverständlich auch sofort die Anlagen dieses jungen Hengstes überprüft, und sie war überzeugt, dass er mindestens den dritten Platz erreichen würde. Darum wollte sie unter allen Umständen dabei sein.

»Ich kann dich und deine Freundinnen bis Pforzheim mitnehmen«, bot sie mir an.

Ich sah sie verständnislos an und fragte: »Du willst Lone allein im Krankenhaus lassen, sie nicht einmal nach der Operation abholen?«

»Hajo ist ja da, der holt sie ab.«

»Und dann muss sie bei Rosi bleiben, weil ich auch nicht zu Hause bin?«

Elke zuckte nur schweigend die Achseln, an ihren Reiseplänen änderte sich nichts. Dann würde ich eben hier bleiben, überlegte ich. Wenn Lone aus dem Krankenhaus kam, noch mitgenommen von der Operation, dann sollte sie nicht ausgerechnet bei Rosi bleiben müssen. Das wäre für das Kind noch unangenehmer als die Operation selbst.

Ich verstand nicht, dass Elke das anscheinend gar nicht interessierte. So hatte sie sich früher nie verhalten. Was war nur mit ihr los?

Dann ist es Gott wohl nicht so wichtig, dass ich zu der Konferenz fahre, dachte ich enttäuscht. Meine Freundinnen müssen ohne mich fahren. Schade, ich hatte mich so sehr darauf gefreut!

Ich schlief wenig in der kommenden Nacht, weil mir die Frage nicht aus dem Kopf ging, was Gottes Willen wohl eher entsprach: zu dem Treffen der Israel-Freunde zu fahren, das heißt, mich über Lones Gefühle hinwegzusetzen, wie ihre Mutter es tat, oder mich um Lone zu kümmern.

Herr, ich kann nicht einfach fahren und sie allein lassen. Vielleicht ist es nicht richtig, aber wenn du das erwartest, musst du mir schon ein ganz deutliches Zeichen geben.

Am Morgen, bevor ich meine Freundinnen verständigen konnte, dass sie ohne mich fahren mussten, rief Evi an: »Sag Elke, dass sie nicht kommen soll! Wir kriegen den Fritz nicht in die Startbox. Wir haben ihn bisher immer mit Möhren reingelockt, aber wenn es ernst wird, kann er nicht auf einer Möhre kauend loslaufen. Klaus hat ihn abgemeldet.«

Ich war so erleichtert! Jetzt konnte ich also doch an der Konferenz teilnehmen. Ein deutlicheres Zeichen hätte Gott mir wirklich nicht geben können.

Elke blieb nun zu Hause, um sich um Lone zu kümmern und sie aus dem Krankenhaus abzuholen. Sie versäumte nicht, was ihr so wichtig war, und ich freute mich, dass sich die Dinge für mich so gut gewendet hatten.

Enttäuscht war wohl nur Klaus, der schon mit dem Preis gerechnet hatte, den ihm sein Pferd einbringen sollte, und mit dem er einige seiner finanziellen Schwierigkeiten hatte ausräumen wollen.

Während der Fahrt und der Konferenztage dachte ich nicht mehr an die Ereignisse der letzten Tage. Die Konferenz war ein großes Erlebnis und beschäftigte mich sehr.

Auf der Rückfahrt holte Roland uns vom Bahnhof ab und brachte zuerst meine Freundinnen nach Hause. Als wir allein im Auto waren, erzählte er mir, dass Elke schon wieder im Krankenhaus sei und dass es ihr ziemlich schlecht gehe.

»Ich habe da einen Verdacht, den ich gar nicht auszusprechen wage«, meinte er unsicher. »Ob Elke damals durch die Bluttransfusionen bei Lones Geburt vielleicht mit Aids infiziert wurde?«

Ich erschrak. Roland dachte also auch daran.

Als Elke vor zwei Wochen in der Klinik gewesen war, hatte ich zum ersten Mal diese Vermutung gehabt, aber nicht einmal gewagt, darüber auch nur weiter nachzudenken.

Damals, 1981 war Aids in Deutschland noch so gut wie unbekannt gewesen. Man hatte von einer seltsamen Krankheit gehört, die in den USA aufgetreten war, aber nur Drogensüchtige und Homosexuelle infizierten sich damit, hieß es. Inzwischen waren zwar auch in Deutschland einige Fälle bekannt geworden, doch das beunruhigte uns nicht sonderlich. Von unserer Familie gehörte ja niemand zu den Risikogruppen.

Aber Elke? Niemand konnte sich wirklich erklären, warum es ihr so schlecht ging. Sie hatte immer sehr bewusst und gesund gelebt, weder geraucht noch getrunken, hatte nicht einmal im Traum an Drogen gedacht und auch keine wechselnden Männerbekanntschaften gehabt. Wie hätte es denn da zu einer Infektion kommen können?

Aber je länger ich darüber nachdachte und mir alle rätselhaften gesundheitlichen Probleme, die Elke seit Lones Geburt gehabt hatte, wieder ins Gedächtnis rief, desto mehr erhärtete sich dieser Verdacht. Die Hepatitis vier oder sechs Wochen nach der Entbindung, die schlecht heilenden Nähte nach den Blasenoperationen, die Hamartome auf der Leber ... und auf der anderen Seite eine junge, gesunde Frau, die stets so viel Wert auf vernünftige Lebensführung gelegt hatte. Wie war es sonst zu erklären? Entsetzen erfasste mich.

Lone war glücklich, als sie mich wieder sah. Sie erzählte mir, dass sie sehr hohes Fieber gehabt hatte, gleich nachdem sie nach ihrer Operation aus der Klinik zurückgekommen war. Wie gut, dass ihre Mutter bei ihr geblieben war. Nun ging es ihr wieder besser. Dafür war jetzt Elke im Krankenhaus.

»Besuchst du sie morgen?«, fragte sie mich. »Und darf ich dann mit?«

Ich konnte gar nicht so schnell reagieren, und Lone erzählte weiter: »Stell dir vor, Oma, Rosi ist ausgezogen! Papa und Rosi haben fürchterlich gestritten, und dann hat sie ihre Sachen genommen und ist weggefahren. Ich glaub, dass sie gar nicht mehr wiederkommt. Die hat auch ihre Möbel mitgenommen. Bloß die Waschmaschine ist noch da, die soll Papa ihr bringen, hat sie gesagt.«

»Dann warst du ja ganz allein, wenn Elke im Krankenhaus und Rosi ausgezogen ist!«

»Papa ist heute nicht ins Büro gegangen. Da war ich nicht allein.«

Obwohl im Krankenhaus alle erdenklichen Untersuchungen durchgeführt wurden, kannte man die wirkliche Ursache für Elkes schlechten Zustand immer noch nicht. Erst als ich sie zwei Tage später ohne Lone besuchte, empfing sie mich mit bitterer Ironie in der Stimme: »Ich hab 'ne Leberzirrhose. Stell dir das vor! Eine Säuferleber! Ich habe nie Alkohol getrunken, das wisst ihr ja alle, und da kriege ich 'ne Säuferleber.«

Etwas später sagte sie mir dann, dass sie den Arzt gebeten habe, einen Aids-Test zu machen: »Der war ganz erleichtert, dass ich ihm selbst den Vorschlag machte. Er war bei Lones Geburt als Assistenzarzt dabei und hat auch den Verdacht, es könnte Aids sein. Nur – er wollte mich nicht fragen, ob ich mit einem Test einverstanden bin. Er glaubte wohl, das würde mich zu sehr schockieren. Als ob mich noch etwas schockieren könnte! Heute hat er mir Blut abgenommen. Es dauert aber noch ein paar Tage, bis der Befund kommt.«

Ich sagte nichts davon, dass Roland und ich auch schon daran gedacht hatten. Es war seltsam, dass uns allen fast gleichzeitig derselbe Verdacht gekommen war.

Eine Woche später, am 20. November 1987, rief Elke mich morgens zu Hause an: »Ich habe das Ergebnis des Test, Mama – es ist Aids.« Sie wirkte sehr gefasst. Ihre Stimme klang am Telefon so, als hätte sie mir etwas ganz Belangloses mitgeteilt. Fast schien es, als wäre sie erleichtert, endlich zu wissen, woran sie war.

»Hast du Hajo schon Bescheid gesagt?«

»Ja, ich habe ihn im Büro angerufen. Er hat sich auch schon so was gedacht.«

Was für ein Unterschied, etwas zu befürchten oder etwas sicher zu wissen! Weinend wandte ich mich an Gott und schlug noch einmal das Losungsbuch auf. Dort las ich: »Es ist der Herr! Er tue, was ihm wohlgefällt.« (1. Sam. 3,18)

Erschüttert und verbittert dachte ich: Natürlich ist es der Herr! Er schafft Frieden und Unheil. Er bestimmt über Leben und Tod. Aber musste das auch noch sein? Hatte Elke seit Lones Geburt nicht schon genug gelitten? Mehr als sechs Jahre lang! Ich konnte verstehen, dass sie nichts mehr von Gott wissen wollte und meinte, er kümmere sich doch nicht um sie.

»Er lässt uns nicht versuchen über unser Vermögen« (1. Kor. 10,13). So steht es in der Bibel. Aber weiß er nicht, dass Elke am Ende ist? Gefällt dir das wirklich, Gott, dass sie das erleben muss? Warum? Lass sie doch in Ruhe!

Ich konnte Gott nicht mehr verstehen. Das sollte zu ihrem Besten sein? Spontan erinnerte ich mich an ein anderes Bibelwort: »Ich habe keinen Gefallen am Tode des Gottlosen, sondern dass sich der Gottlose bekehre und lebe.« (Hes. 33,11)

Ist es das? Meinst du, dass Elke sich jetzt wieder zu dir wenden wird? O mein Gott – und wenn sie es nicht tut? Würdest du sie dem Tod überlassen? Herr, ich weiß nicht, ob ich dir dann noch vertrauen könnte.

An diesem Vormittag war ich nicht einmal mehr dazu fähig, auch nur etwas zu Mittag zu kochen. Bald würde Lone aus der Schule kommen und etwas später auch Ole. Bis dahin musste ich versuchen, mich einigermaßen gefasst zu haben.

Ich bete: Herr, hilf mir, das anzunehmen! Danken kann ich nicht dafür, aber wenigstens darauf vertrauen, dass du es irgendwie gut meinst, wenn ich es auch überhaupt nicht verstehe. Und wenn es auch sehr, sehr weh tut.

Allmählich wurde ich ruhiger. Wenn dieser Befund auch noch so schlimm war, so würde Elke doch sicher jetzt, mit dem nahen Tod vor Augen, sich wieder Gott zuwenden. Es würde ihr wichtig werden, ihr Leben an Tiefe und Intensität gewinnen zu lassen.

Elke müsste Hajo nicht mehr unbedingt beweisen, dass sie ihn nicht brauchte, das hatte er bestimmt längst eingesehen. Sie könnte sich mit ihm versöhnen und mit ihm zusammen die Zeit genießen, die ihnen noch zur Verfügung stand. Sie hatten sich doch einmal lieb gehabt!

»Wir sind immer noch zusammen glücklich«, hatte sie vor nicht allzu langer Zeit noch lächelnd einer guten Bekannten erzählt. »Auch wenn wir uns manchmal ziemlich heftig streiten. Das gehört für uns dazu, sonst wär's ja auf die Dauer zu langweilig!«

Herr, du hast einen Plan. Du willst nicht, dass jemand verloren geht! Du weißt auch, wie Elke sich entscheiden wird, während ich nur hoffen und beten kann, dass es eine gute Entscheidung wird – eine Entscheidung für das Leben.

Nur eine kleine Zeit?

»Lehre uns unsere Tage zählen, dass wir ein weises Herz gewinnen.« (Psalm 90,12)

Nun wusste Elke also, woran sie war. Eine niederschmetternde Diagnose, die keine Hoffnung auf Heilung ließ. Und doch: Sie fühlte sich besser. Die Ungewissheit war einer schrecklichen Gewissheit gewichen, aber mit ihr konnte sie besser umgehen.

Wir besprachen miteinander, wie wir uns verhalten wollten. Die Kinder brauchten es noch nicht zu wissen, aber Evi und Roland sollten informiert werden. Ansonsten war Elke daran gelegen, dass möglichst niemand etwas von diesem Befund erfuhr.

»Wenn man weiß, dass ich Aids habe, dann kann Hajo sein Büro dicht machen, und Ole und Lone werden von allen gemieden. Es gibt so viel Unsicherheit im Umgang mit dieser Krankheit und Angst vor ihr, da ist es besser, wenn wir es niemandem sagen. Auch deinen Freunden im Hauskreis solltest du es nicht erzählen. Denn durch jeden, der davon erfährt, vergrößert sich die Möglichkeit, dass auch Leute davon erfahren, die damit nicht umgehen können. Das willst du bestimmt auch nicht«, meinte sie zu mir.

Das sah ich natürlich ein, obwohl ich gern mit meinen Freunden darüber gesprochen hätte, um diese Last mit ihnen zu teilen und auch mit ihnen dafür beten zu können. Doch ich respektierte Elkes Wunsch. Schließlich wusste ich auch, wie schwierig es für die Kinder werden könnte. Ich hatte schon gehört, dass infizierte Kinder durch die Schikanen ihrer Mitschüler und deren Eltern gezwungen worden waren, die Schule zu verlassen. Ich wollte auf jeden Fall vermeiden, dass Ole und Lone gemieden würden, keine Freunde mehr hätten. Es war schon schlimm genug, dass ihre Mutter so schwer erkrankt war.

Wie viel Zeit würde Elke noch bleiben? Wie würde es weitergehen? Das waren jetzt die Fragen, die uns bewegten.

Elke sah ein, dass sie nicht in ihrem möblierten Zimmer bleiben konnte, und war froh, dass Hajo mein früheres Wohnzimmer nicht mehr benötigte. Er hatte nur noch einige Akten darin, die er bald in sein Lüchower Büro mitnahm; dann konnte Elke ihre Schreibmaschine und ihren Computer bei uns unterbringen.

Ich hatte auch diesmal das Gefühl, dass Gott alles längst vorbereitet hatte.

»Das hat Gott gemacht«, strahlte auch Lone, ohne den wahren Grund zu kennen, warum ihre Mutter nun wieder bei uns wohnen wollte. »Er hat meine Gebete erhört.« Warum sollte das Kind nicht Recht haben?

Rosi hatte längst ihre letzten Sachen abgeholt, und wir konnten sicher sein, dass sie nicht mehr zurückkäme. Warum sie auf einmal so widerstandslos auszog, obwohl sie doch bereit gewesen war, gegen alle zu kämpfen, die sich ihren Vorstellungen entgegenzustellen versuchten? Auch hier sah ich Gottes Eingreifen. Er machte den Weg frei, dass Elke nach Hause zurückkehren konnte. Und dafür war ich ihm dankbar.

Zu weiteren Untersuchungen wurde Elke nach Hannover überwiesen. Erst wenn genauere Ergebnisse vorlägen, müsste sie dort für längere Zeit stationär aufgenommen werden, um abzuklären, welche Medikamente für ihre Behandlung eingesetzt werden konnten.

In der Immunologie freundete sie sich mit einer erfahrenen Schwester an, die rücksichtsvoll mit ihren dünnen Rollvenen umgehen konnte. So musste sie sich vor den häufigen Bluttests nicht so sehr fürchten.

Wenn Hajo sich Zeit nehmen konnte, begleitete er sie nach Hannover; sonst fuhr sie allein, obwohl ihre Kräfte schon sehr nachgelassen hatten und es ihr schwer fiel, ihren großen Citroën zu lenken.

Ich erzählte Evi am Telefon davon, und sie hatte eine Idee, wie sie Elke helfen könnte: Von einem befreundeten Skipper hatte Evi einen R5 geschenkt bekommen, den dieser während seines Aufenthalts in Italien und Frankreich benutzt hatte. Bevor er mit seiner Yacht wieder in die Karibik segelte, hatte er Evi das kleine Auto überlassen.

»Ob Elke den wohl nehmen möchte?« fragte Evi. »Dann bringe ich ihn zu ihrem Geburtstag nächste Woche. Vielleicht könnt ihr ihn beide benutzen. Das wäre vielleicht ein Geburtstagsgeschenk für Elke, und für dich ein Weihnachtsgeschenk.«

Meinen Anteil daran wollte ich jedenfalls bezahlen, sagte ich ihr gleich. Schließlich könnte sie das Auto auch verkaufen und Klaus damit ein Stück weiterhelfen. Aber sie meinte, sie wolle Klaus überhaupt kein Geld geben, es sei sowieso nur wie der Tropfen auf den heißen Stein.

Am Tag vor Elkes Geburtstag brachte Evi das Auto. Sehr früh am Geburtstagsmorgen putzte sie es auf Hochglanz und umwickelte es ganz mit bunten Partybändern. So sah es wie ein richtiges Geburtstagsgeschenk aus.

Kurz bevor sie Elke ans Fenster rief, stellte sie noch einen großen Blumenstrauß auf die Kühlerhaube.

Die Überraschung war gelungen; zusammen machten die beiden gleich eine Probefahrt. Dabei stellte Elke zufrieden fest, dass sie mit dem »süßen« Auto besser zurecht kam, als mit ihrem großen Citroën.

Evi wollte ihren Besuch noch ausdehnen, um Weihnachten mit uns zu feiern. Und Klaus hatte auch keine Lust, allein in München zu bleiben. So brachten wir ihn auch noch irgendwie unter.

Jetzt war Hochbetrieb, denn seit Rosi ausgezogen war, kochte ich wieder für die ganze Familie und nun auch noch für zwei weitere Personen. Wenn sie sich wenigstens zwischendurch mal in Hajos Wohnung aufhalten würden, dachte ich manchmal. Aber so eng es auch war, sie blieben alle bei mir. Hajo kam nur zum Essen oder wenn er einen von uns ärgern wollte. Er war sehr gereizt und suchte ständig Streit. Er schien mit sich selbst nicht im Reinen zu sein. Sogar Lone fiel es auf, und sie war traurig darüber.

Sie betete abends vor dem Schlafengehen, denn sie wünschte sich doch so sehr, dass sich alle vertrugen. »Papa ist immer so gemein zur Oma, und das tut mir leid. Ich liebe doch Oma so sehr, und niemand soll sie ärgern, auch Papa nicht.«

Sie betete auch für Klaus: »Lieber Gott, vergib doch Klaus, dass er immer über alles Witze macht. Und hilf ihm mit seinem Pferd, dass es beim Rennen gewinnt und Klaus Geld dafür kriegt. Aber ich glaube, mit dem Klaus wirst du wohl viel Ärger haben, der macht ja auch immer dumme Bemerkungen über dich und auch über Oma, weil sie an dich glaubt.«

Ihre größte Sorge galt allerdings ihrer kranken Mutter: »Jesus, lass meine Mama doch gesund werden, lass sie bitte nicht sterben. Aber wenn es sein muss, dann möchte ich auch sterben.«

Auch wenn ich mich manchmal fragte, ob es nicht leichter für mich wäre, einfach hier auszuziehen, war mir doch im Grunde klar, dass Lone mich noch brauchte.

Gleich nach Weihnachten fuhren Klaus und Evi wieder nach München und es wurde etwas ruhiger bei uns.

Elke saß meist am Computer. Ole half bei den Nachbarn und Lone freute sich, dass sie mithelfen durfte, Elkes Sachen einzuräumen und den Platz auszusuchen, wo in Zukunft ihr Bett stehen sollte – recht nahe bei dem Bett ihrer Mutter natürlich.

Zum Jahresabschluss waren wir alle bei den Nachbarn eingeladen, die so große Räume hatten, dass sie mühelos das ganze Dorf hätten beherbergen können. Doch ich blieb lieber allein zu Hause, betete und ließ das Jahr noch einmal an mir vorüberziehen. Ich dankte Gott für alle Hilfe und bat um Kraft und seine Gegenwart auch für das kommende Jahr.

Diesen Abend allein zu verbringen, genoss ich ganz besonders, denn ich hatte nur noch selten Zeit für mich.

Für das neue Jahr hatte ich eine besondere Zusage Gottes: »Seid getrost und unverzagt alle, die ihr des Herrn harret!« (Psalm 31,25)

Dieser Vers machte mir Mut, aber ich fürchtete dennoch, dass auch eine Menge Sorgen auf uns alle warteten.

Anfang Januar sollte Elke für etwa drei Wochen nach Hannover in die Klinik gehen. Die Medikamente hatten eine erstaunliche Besserung ihres gesundheitlichen Zustandes bewirkt. Sie hatte mehr Appetit, wurde wieder kräftiger und war auch nicht mehr so reizbar wie vorher. Für Lone organisierte sie eine richtig große Geburtstagsparty, und sie war erstaunlich ausdauernd dabei, die kleine wilde Horde mit Spielen und Toben zu unterhalten.

Alle vier Wochen sollte sie weiterhin zu Kontrolluntersuchungen nach Hannover kommen und im April für eine längere Behandlung dort bleiben.

In dieser Zeit bekam Lone hohes Fieber, und ich wollte nicht warten, bis Elke zurück sein würde, sondern fuhr direkt mit ihr zum Arzt.

Lone hatte wieder eine Lungenentzündung. Der Arzt wunderte sich, dass sie so häufig daran erkrankte. Da erzählte ich ihm von Elke und bat ihn, auch bei Lone einen HIV-Test zu machen.

Als er uns einige Tage später telefonisch das Ergebnis mitteilte, war Elke aus der Klinik zurück und nahm den Anruf selbst entgegen: »Lone ist HIV-positiv.«

Ganz langsam, ohne ein Wort zu sagen, legte Elke den Hörer auf und ging hinaus.

Ich brach erschüttert zusammen und weinte: Warum, mein Gott, warum? Soll das das Beste für das Kind sein? Musste dieses

Kind, das dich so liebt und dir so vertraut, dafür geboren werden? Ich verstehe dich nicht!

Ich suchte eine Hilfe in den Losungsversen. Da stand für heute, den 12. April 1988: »Ihr werdet euch freuen, die ihr jetzt eine kleine Zeit, wenn es sein soll, traurig seid in mancherlei Anfechtungen.« (1. Petr. 1,6)

Ach Herr, betete ich, eine kleine Zeit kann für uns ziemlich lang und schwer sein. Tausend Jahre sind vor dir wie ein Tag, und uns kann ein Tag wie tausend Jahre erscheinen. Aber ich bin mir sicher, dass du uns begleitest. Auch dann, wenn wir erschüttert sind und nichts verstehen. Ich will versuchen, »unverzagt« zu bleiben und auf deine Hilfe zu vertrauen. So kann ich vielleicht auch »die kleine Zeit« abwarten. Dann kommt die Freude, die dieses Wort verspricht.

Als Elke wieder nach Hannover fuhr, nahm sie Lone gleich mit. Auch in Zukunft würden sie wohl nun immer zusammen dorthin fahren.

Auch bei Lone sollte AZT eingesetzt werden, ein Medikament, das Elke offensichtlich gut tat. Vielleicht würde es auch bei dem Kind so wirken? Bisher war es für Kinder kaum richtig erprobt worden, und Elke musste das Risiko mittragen. Es war notwendig, drei bis vier Wochen mit Lone in der Klinik zu bleiben, während sie das Mittel unter ständiger ärztlicher Aufsicht einnahm.

Elke blieb eine Woche lang bei ihrer Tochter, dann löste ich sie ab, weil sie noch dringende Auftragsarbeiten zu erledigen hatte.

Lone machte das keine Schwierigkeiten. Das Unangenehmste an der Arznei war, dass sie ganz pünktlich alle sechs Stunden genommen werden musste, also auch nachts. Das Medikament war furchtbar bitter und nicht in Tablettenform für Kinder erhältlich. Ohne zu klagen ließ sich Lone aus dem tiefsten Schlaf wecken, schluckte das bittere Zeug, nahm einen Zuckerwürfel hinterher und schlief meist gleich wieder ein.

Bald ließ ihr Husten nach, sie war nicht mehr so blass und schon nach kurzer Zeit wieder so aktiv und fröhlich, wie lange zuvor nicht mehr. Nur am Schwimmunterricht konnte sie immer noch nicht teilnehmen. Da fror sie schon nach wenigen Minuten so sehr, dass ihre Lippen violett schimmerten. Sie sollte tüchtig essen und zunehmen, riet ihr die Kinderärztin in Hannover. Dann könnte sie auch mit zum Schwimmen gehen.

Aber ihr Appetit war überhaupt nicht besser geworden, und Zunehmen war leichter gesagt als getan. Alle vier Wochen musste sie zur Infusion von Immunglobulinen kommen. Dabei traf sie auch andere HIV-infizierte Kinder, die dort zusammen mit ihr behandelt wurden. Lone war die älteste von ihnen.

Ich wunderte mich immer wieder, wie geduldig Kinder sein können, obwohl sie doch kaum die Notwendigkeit all der unangenehmen Maßnahmen verstehen. Die Infusionszeit war zum Beispiel auf genau drei Stunden eingestellt, und keines der Kinder versuchte vor der Zeit, den Schlauch herauszuziehen und aufzustehen. Nur wenn die Ärztin mit der Spritze kam, blieben sie nicht still. Da war Lone die einzige, die der Ärztin ohne ein Wort ihren kleinen Arm entgegenstreckte und ihr vorschlug, welche Vene sie nehmen sollte.

Nachdem wir auch von Lones Infektion wussten, hielten wir es für besser, es Ole zu sagen; und soweit Lone es überhaupt verstehen konnte, sollte auch sie wissen, welche Krankheit sie hatte.

Sie nahm es so gelassen hin, als hätte sie längst gewusst, was das für sie bedeutete.

»Ich brauche keine Angst vor dem Tod zu haben, ich glaube ja an Jesus«, sagte sie nur. Doch um ihre Mutter machte sie sich nun noch mehr Sorgen.

»Wir müssen noch viel mehr für Mama beten«, meinte sie, und ich stimmte ihr zu.

Nachdem Elke sich wieder kräftig genug fühlte und natürlich auch keine Reisepläne mehr hatte, holte sie ihre Stute Shabera zurück, die sie vor ihrer geplanten Ausreise bei einer Bekannten in Pflege gegeben hatte.

Als sie damals nach der erfolgreichen Blasenoperation ein geeignetes Pferd suchte, hatte sie bei einem Händler diese weiße Araberstute gesehen, ein total abgemagertes und schwaches Tier. Der Händler hatte ihr erklärt, dass die Stute ein sehr gutes Pferd sei, nur ließe sie sich von anderen Pferden vom Futter wegdrängen und bekäme dadurch einfach nicht genug. Er meinte, wenn sie allein gehalten würde, könnte sie sich sehr bald erholen.

Elke hatte einfach Mitleid mit der Stute, die ihr sonst gar nicht gefiel. Obwohl sie sehr gute Papiere hatte, bekam Elke sie zu einem äußerst günstigen Preis. Schon nach wenigen Wochen war die Stute zu einem richtig hübschen Pferd geworden, mit viel Temperament und Ausdauer beim Ausritt, ausgezeichnet auch für Distanzritte, an denen Elke sehr gern teilnehmen wollte.

Elke hatte Shabera auch nicht verkauft, als sie uns verlassen wollte. Falls sie nicht wieder zurückkäme, sollte die Bekannte, bei der sie es in Pflege gegeben hatte, das Pferd behalten. Shabera war dort gedeckt worden und würde im April ein Fohlen bekommen.

Evi wohnte inzwischen auch seit einigen Wochen in unserer Nähe und konnte Elke bei der Pferdepflege helfen. Klaus hatte seine Wohnung in München aufgegeben, um Unterbringungs- und Pferdepflegekosten zu sparen. Von Hajo hatte er einen freien Stallraum gemietet und neben Fritz noch ein zweites Pferd, nämlich Fritz' Mutter, mitgebracht.

Unter Evis Anleitung lernte nun auch Lone reiten. Sie war überhaupt nicht ängstlich, selbst bei Shaberas Temperamentsausbrüchen nicht.

Kinder von Urlaubsgästen im Dorf kamen zu Evi, um Reitstunden zu nehmen. Und Lone und andere pferdebegeisterte Kinder des Ortes voltigierten auf den Kleinpferden. Daran hatten alle Spaß – wie es schien, sogar die Pferde.

Seit Lone AZT bekam, ging es ihr viel besser. Nach einem halben Jahr wurde allerdings bei der Kontrolluntersuchung in Hannover festgestellt, dass ihre Blutwerte sehr schlecht waren und sie eine Bluttransfusion bekommen musste. Wir sollten uns bereit halten.

Elke ging jeden Tag mit Lone zu unserem Hausarzt, der die Blutwerte überwachte; die gepackten Koffer standen bereit, um bei einer weiteren Verschlechterung sofort in die Klinik fahren zu können.

Sehr besorgt um Lone bat ich den Prediger meiner Gemeinde nach der Bibelstunde, für sie zu beten. Ich stellte mir vor, dass er mit dem Gemeindeältesten nach der Empfehlung aus Jakobus 5,13-14 für sie eintreten könnte. Gott war in der Lage, ein Wunder zu tun, davon war ich überzeugt. Dabei erzählte ich dem Prediger von ihrer Krankheit.

Er lehnte meine Bitte nach Rücksprache mit dem Gemeindeleiter ab. Ich war sehr enttäuscht, denn seine Begründung klang nicht sehr plausibel. Seitdem fühlte ich mich nicht mehr ganz so sicher und geborgen in dieser Gemeinde.

Wenige Tage später trafen wir uns nachmittags außerplanmäßig zu einer Vorweihnachtsfeier im Hauskreis. Ich sprach über die Sorgen, die ich mir wegen Lone machte, ohne allerdings die Krankheit beim Namen zu nennen. Stattdessen sprach ich von Leukämie, einer Krankheit, die ja teilweise ähnlich verläuft, aber nicht unbedingt tödlich endet.

Bettina, die jüngste Teilnehmerin, die heute nur als Gast bei uns war, meinte spontan: »Dann wollen wir doch für Lone beten! Das ist viel wichtiger als eine Weihnachtsfeier.«

Damit waren alle einverstanden.

Marianne hatte den Auflauf, den sie zu unserer Feier mitgebracht hatte, bereits in den Backofen gestellt. Bis der fertig wäre, wollten wir miteinander beten.

Nie zuvor hatte ich in diesem Kreis so deutlich die Gegenwart Gottes gespürt, und das ging nicht nur mir so. Wir vergaßen vollkommen alles um uns herum. Niemand sah auf die Uhr, niemand dachte an den Auflauf im Ofen, bis plötzlich ein unterdrückter Aufschrei von Martina kam, die gleichzeitig aufsprang: »Der Auflauf! Der ist sicher schon total verbrannt!«

»Dann essen wir eben etwas anderes«, beschwichtigte sie Ella. »Dieses Gebet war wichtiger als ein Auflauf.«

Aber der Auflauf war gerade richtig, kein bisschen zu dunkel, und er schmeckte ganz köstlich.

Noch lange danach erinnerten wir uns an dieses Erlebnis.

Ein Wunder erlebte Elke am folgenden Vormittag bei unserem Hausarzt: Die Blutwerte waren in Ordnung. Der Arzt konnte es nicht fassen und glaubte schon, er habe sich geirrt, aber eine weitere Probe bestätigte das erste Ergebnis.

Die Koffer konnten wieder ausgepackt werden.

Einige Monate lang hielt diese Besserung an, bis zu Lones neuntem Geburtstag. Eine heftige Erkältung war die Ursache, dass ihre Geburtstagsfeier verschoben werden musste. Dafür jedoch wurde sie reichlich entschädigt: Es gab eine Hochzeit!

Roland und Haried, die seit Lones Kindergartenzeit miteinander befreundet waren, hatten sich entschieden zu heiraten. Als Roland Lone einmal im Kindergarten abgeholt hatte, war er Haried begegnet, und es hatte »gefunkt«. Lone konnte es kaum fassen, dass die beiden heiraten wollten und dass Haried ihre Tante würde. Gerade Haried, die sie vom ersten Kindergartentag an so sehr mochte! Sie war fast so glücklich wie das Brautpaar.

Das merkte man dann auch bei der Hochzeitsfeier. Unermüdlich tanzte sie, zuerst mit den anderen Kindern, dann, als eines nach dem anderen müde wurde, mit Erwachsenen. Wenn sie niemanden mehr fand, lief sie mit einem halbgefüllten Glas Cola herum und sang so laut und fröhlich, dass sie fast die Musik übertönte.

Außer uns wusste niemand von ihrer Krankheit. Und wer sie an diesem Abend sah, hätte es sicher nicht geglaubt, selbst wenn wir es verraten hätten. Sie tanzte noch, als die meisten Erwachsenen schon nach Hause gegangen oder an ihren Plätzen eingeschlafen waren, bis Elke energisch zum Heimfahren mahnte.

Wenn die Kontrolluntersuchungen nicht immer wieder bestätigt hätten, dass sie wirklich dieses tödliche Virus in sich trug, hätten wir selbst wohl manchmal daran zweifeln können.

Auch Elke ging es immer noch gut. Sie fühlte sich so fit, dass sie mit der Mutter von Lones bester Freundin für mehrere Kinder zusammen eine große, für Lone verspätete Geburtstagsfeier ausrichten wollte. Dabei verhießen Elkes Blutwerte nichts Gutes.

»Wenn es nach den Werten ginge, könnte ich eigentlich gar nicht mehr leben«, meinte sie nach einer Untersuchung in Hannover niedergeschlagen. »Aber ich *will* noch leben!«

Während der Sommermonate hatte Hajo eine Gaszentralheizung im Haus einbauen lassen. Als alles fertig war und alle Räume geheizt werden konnten, schlug er Elke vor, ihr Arbeitszimmer oben in ihrer Küche einzurichten. Die ganze Familie war zu den Mahlzeiten bei mir, so wurde die Küche oben eigentlich gar nicht benötigt. In Lones Zimmer sollten Mutter und Tochter schlafen.

Ole wohnte seit einigen Monaten in einem ausgebauten Stallraum.

Nun hatte ich meine Wohnung wieder ganz für mich, abgesehen davon, dass Küche und Esszimmer von allen benutzt wurden. Deshalb konnte ich meine Wohnung nicht abschließen, wenn ich das Haus verließ. Das war mir nicht sehr angenehm, denn ich hatte bei Hajo ein eigentümliches Interesse an meinem Akten- und Urkundenkoffer bemerkt. Aber schließlich hatte ich nichts zu verbergen – sollte er doch seiner Neugier nachgehen!

Während wir uns mit so vielen Sorgen und Problemen auseinander setzen mussten, hatte es um uns herum gewaltige Umwälzungen gegeben. Die Grenzen zwischen West und Ost waren über Nacht verschwunden, Feindbilder bröckelten ab, vieles veränderte sich in so rasendem Tempo, dass man es kaum fassen konnte. Von unserem Fenster aus konnten wir den Grenzverlauf sehen, und wir hatten jedes Mal ein leichtes Schaudern gespürt, wenn wir an dem hohen Stacheldrahtzaun entlang fuhren. Dort, jenseits des Zauns, lebten Menschen wie wir, aber weder hatten wir sie noch sie uns besuchen können. Hinter dem Zaun begann der Todesstreifen, der von vielen Posten streng überwacht wurde. Auf einmal war alles anders, obwohl die dort liegenden Minen immer noch die Annäherung an den Zaun verhinderten. Aber an den Straßenübergängen hoben sich die Sperren und Schranken.

Wohl ganz Lüchow war auf den Beinen, als die Grenze geöffnet wurde. Alle begrüßten die »Ossis«, die mit hohen Erwartungen in großen Scharen in unsere Stadt kamen, um die Vorzüge der freien Marktwirtschaft kennen zu lernen, von denen sie so lange geträumt hatten.

Bald gab es in den Geschäften schon mittags keine Waren mehr. Die Regale waren leer, vor den Läden warteten lange Schlangen darauf, eingelassen zu werden. Die Straßen der Kleinstadt waren hoffnungslos verstopft. Von der anfänglichen Begeisterung war bald gar nichts mehr zu merken.

Es waren Veränderungen, mit denen kaum jemand gerechnet hatte. Gott hatte sie möglich gemacht, er zeigte sein

Handeln nicht nur in unserem persönlichen Leben, sondern auch in großen gesellschaftlichen Zusammenhängen.

»Er stößt die Mächtigen vom Thron und erhöht die Geringen« (Luk. 1,52) – die unterdrückenden Regime im Ostblock waren fast alle gestürzt worden.

Viele Juden aus den östlichen Ländern durften ausreisen und in ihr Land zurückkehren, aus dem sie vor fast zweitausend Jahren vertrieben worden waren. Gott machte Geschichte, und wir durften dabei zusehen! Er erfüllte seine Verheißungen. Er führte sein Volk nach Hause, oft unter abenteuerlichsten Umständen: Juden aus Äthiopien wurden in einer großartig geplanten Aktion in einer Nacht zu Tausenden nach Israel geflogen.

»Wer sind die, die da fliegen wie die Wolken und wie die Tauben zu ihren Schlägen?« (Jes. 60,8), hatte der Prophet Jesaja gefragt. Er kannte noch keine Flugzeuge. Wie hätte er diese Art der Rückkehr anders beschreiben sollen?

Diesem Gott ist nichts unmöglich. Auch unsere Sorgen sind ihm bekannt.

Vergib mir, Herr, wenn ich immer wieder sorge. Lass mich geduldiger sein! Dein Volk Israel war zweitausend Jahre lang in alle Winde zerstreut, und nun dürfen sie in ihr Land zurückkehren. Um das zu ermöglichen, kehrst du die halbe Welt um. Das macht mir Mut, dir auch meine und die Zukunft meiner Kinder neu anzuvertrauen, betete ich.

Kämpfen und Hoffen

»Wir haben nicht mit Fleisch und Blut zu kämpfen, sondern mit Mächtigen und Gewaltigen ... mit den bösen Geistern unter dem Himmel.« (Epheser 6,12)

Das Losungswort zum Jahresanfang hatte mich schon darauf vorbereitet, dass wir auch im neuen Jahr mit vielen Schwierigkeiten und Problemen rechnen mussten; und es wäre wohl auch sehr unrealistisch gewesen zu hoffen, dass es im beginnenden Jahr leichter werden würde.

Wie dankbar war ich deshalb für Worte wie diese: »Du bist der Gott, der mir hilft; täglich harre ich auf dich!« (Psalm 25,5)

Ja, daran wollte und musste ich mich erinnern, nicht nur im kommenden Jahr: Wie sollte ich mich sonst den großen Problemen stellen? Ohne diesen Zuspruch wäre die Zukunft einfach nur beängstigend.

Aber Gottes Wort machte mir auf vielfältige Weise immer wieder Mut. Trost waren mir auch die Lieder Paul Gerhardts, der in seinem persönlichen Leben so viel Leid erlebte und doch solche vertrauensvollen Lieder dichten konnte: »Er weiß viel tausend Weisen, zu retten aus der Not ...«

Selbst im Umgang mit Hajo gab Gott mir Gelassenheit.

Elke sprach immer weniger mit mir. Sie ging mir aus dem Weg, und ich wollte mich nicht aufdrängen. Seit sie ihr Arbeitszimmer oben eingerichtet hatte, sahen wir uns nur noch beim Mittagessen.

Lone merkte man in dieser Zeit kaum etwas von der schlimmen Krankheit an. Seit einiger Zeit nahm sie wieder Ballettunterricht und sie war fit genug, die oft anstrengenden Übungen mitzumachen. Ihre Ballettlehrerin freute sich, dass sie wieder dabei war, und nahm sie in die Gruppe auf, in der sie früher gewesen war. Sie wusste, dass Lone keine Schwierigkeiten haben würde, das Versäumte in kürzester Zeit nachzuholen.

Zu unserem Hauskreis kam seit einigen Wochen ein junges Ehepaar, das bald nach dem Fall der DDR-Grenze in Lüchow zugezogen war. Mit ihnen kamen neue, interessante Gedanken und Lebendigkeit in unsere Gruppe.
Tobias und Beate brachten nicht nur ihre Gitarre und viele neue Lieder mit, auch die Bibelbetrachtungen erhielten eine andere Dimension. Wir spürten lebendigen Glauben, nicht nur in ihren Worten, sondern vor allem in ihrem Wesen und Verhalten. Ich freute mich auch aus einem besonderen Grund darüber: Ich hoffte, dass die beiden auch Ansprechpartner für Elke werden könnten. Sie waren in Elkes Alter und hatten ein tiefes, unerschütterliches Vertrauen zu Gott, das echt und deshalb ansteckend wirkte.
Die Erziehung ihrer sieben Söhne, von denen der Jüngste gerade zwei Jahre alt war, schien für sie kein Problem zu sein, wussten sie doch auch ihre Kinder bei Gott gut aufgehoben.
Bald schon lud ich sie zu uns ein und erzählte ihnen auch von Elkes und Lones Krankheit. Beate war ausgebildete Krankenschwester, darum glaubte ich, dass sie Verständnis dafür haben würde, wenn ich sie bat, niemand sonst etwas davon zu sagen.
Als Elke eines Tages wirklich kam, um meine neuen Bekannten zu sehen, von denen ich ihr erzählt hatte, zog sie sich auffallend hastig wieder zurück. Und Tobias bestätigte meine Vermutung, dass da vielleicht eine negative Macht am Werk sei.
Er fügte aber auch gleich ermutigend hinzu: »Jesus hat diese Mächte besiegt. Wir dürfen uns an Ihn wenden. Er kann auch Elke von diesem Einfluss befreien.«
Es war so erleichternd, überhaupt mit jemand sprechen zu können. Die Krankheit vor allen verheimlichen zu müssen, das bedrückte mich fast mehr als die Furcht vor Leid und Schmer-

zen. Und nun machte Tobias mir Hoffnung, dass Elke auch in dieser Situation erreicht werden könnte, dass Satan nicht Sieger bleiben müsste.

Doch vorerst ergab sich keine weitere Gelegenheit für ein Zusammentreffen der beiden jungen Christen mit Elke.

Während der Osterferien hatte Elke mit Lone an der Nordseeküste ein Ferienhaus bezogen, zusammen mit einer jungen Frau, die sie gemeinsam mit ihren beiden HIV-infizierten Kindern bei den Infusionen in Hannover kennen gelernt hatte. Elke meinte, Lone könnte mit den beiden Kindern spielen, während sich die beiden Mütter erholten. Doch der Urlaub wurde eine Enttäuschung, denn die junge Frau ließ Elke nicht zur Ruhe kommen und beanspruchte sie mehr als eine ganze Kindergruppe. So war Elke schließlich froh, wieder zu Hause zu sein. Doch auch hier fand sie keine Ruhe.

Immer häufiger beklagte Lone sich ganz unglücklich bei mir, weil ihre Eltern miteinander stritten, und auch Elke sah oft sehr verstört aus. Ob es ihr gesundheitlich so schlecht ging oder ob es der nervenaufreibende Dauerstreit mit Hajo war, ich wusste es nicht. Sie erzählte es mir nicht.

Als die nächste Infusion in Hannover bevorstand, konnte oder wollte Hajo sie nicht begleiten. Wahrscheinlich hatten sie wieder Streit gehabt. Deshalb wollte ich mitfahren. Ich spürte, dass Elke sehr deprimiert war und fürchtete, dass sie sich vielleicht etwas antun würde, weil sie nicht mehr weiter wusste, keine Perspektive mehr hatte. Ob sie auf Lone Rücksicht nehmen würde? Ich war mir nicht sicher.

Ich setzte mich ins Auto, nicht bereit, wieder auszusteigen, obwohl sie mich immer wieder mit Nachdruck dazu aufforderte. Ich hoffte, mit ihr sprechen zu können. Vielleicht würde sie die Gelegenheit nutzen, mit mir ihre Probleme und ihr Leid zu teilen.

Während der ganzen Fahrt sang ich in Gedanken betend das Lied:
>»Gib mir die richtigen Worte,
gib mir den richtigen Ton.
Worte, die deutlich für jeden
von dir reden
– gib mir genug davon.

Worte die klären, Worte die stören,
wo man vorbeilebt an dir;
Wunden zu finden
und zu verbinden
– gib mir die Worte dafür!«

Aber es blieb still im Auto, zwei Stunden lang, bis wir vor der Klinik ausstiegen. Genau so schweigsam verlief die Rückfahrt. Erst kurz bevor wir zu Hause waren, wagte ich, sie zu fragen, ob ich ihr bei ihren Problemen nicht helfen könnte.

»Manchmal wird es wirklich leichter, wenn man über eine Sache sprechen kann. Und du weißt doch, dass ich dich liebe und dir helfen möchte. Du weißt auch, dass du mir vertrauen kannst, dass alles . . .«

Urplötzlich schrie sie mich an: »Sei still! Lass mich in Ruhe. Ich will nichts mehr hören und sehen. Wenn du noch ein Wort sagst, fahre ich an den nächsten Baum! Das hatte ich sowieso vor, und das hätte ich auch getan, wenn du nicht mitgefahren wärst.«

Ich versuchte meinen Schrecken über ihre Antwort zu verbergen und fragte vorsichtig: »Und warum willst du das tun?«

»Weil ich nicht mehr leben will! – Und jetzt sei still!«

Den ganzen Abend dachte ich verzweifelt darüber nach, wie ich zu ihr durchdringen könnte. Da fiel mein Blick auf ein Buch von Wilhelm Busch: »Jesus, unser Schicksal«.

Wenn sie doch darin lesen würde, nur ein paar Seiten! Ich war überzeugt, dass sie etwas finden würde, was ihr helfen könnte.

Aber wie konnte ich sie dazu bewegen, darin zu lesen? Sollte ich sie darum bitten?

Gott, gib mir doch die richtige Idee und die Worte, die sie erreichen, betete ich.

Da kam mir ein guter Gedanke: Ich würde sie bitten, mir einen Gefallen zu tun. Das konnte sie mir eigentlich nicht abschlagen, meinte ich.

Als sie morgens zum Frühstück kam, nachdem Hajo und die Kinder schon aus dem Haus gegangen waren, fragte ich sie, wie es ihr ginge. Ihre Antwort war kaum verständlich, und ich meinte auch, Tränen in ihren Augen zu sehen. Im Stillen bat ich wieder um die richtigen Worte, und dann forderte ich sie auf, mir doch zu sagen, wie ich ihr helfen könnte.

»Mir kannst du nicht helfen. Mir kann keiner helfen, deshalb will ich auch Schluss machen. Ich weiß nur nicht wie. Ich hab' nämlich Angst, mir dabei weh zu tun.«

Leise, liebevoll redete ich auf sie ein und schob dabei das Buch »Jesus, unser Schicksal« so hin, dass sie den Titel lesen konnte, aber sie sah nicht auf.

»Vielleicht kann dir doch jemand helfen? Willst du es nicht noch einmal versuchen?«

Elke schüttelte energisch den Kopf: »Lass es! Ich will einfach nicht mehr!«

Dass sie überhaupt zum Frühstück gekommen war, machte mir allerdings Mut, weiter mit ihr zu reden. Deshalb fragte ich nach kurzem Schweigen: »Wenn du dein Leben unbedingt beenden willst – ich werde es ja kaum verhindern können –, dann könntest du mir noch einen letzten Gefallen tun. Würdest du das wollen?«

Sie sah mich an und meinte zögernd: »Was für einen Gefallen sollte ich dir denn tun?«

»Ich möchte dich bitten, wenigstens ein paar Seiten in diesem Buch zu lesen, nur ein paar Seiten!«

Nach einem kurzen Blick auf den Titel, den sie offensichtlich bisher noch nicht gelesen hatte, sagte sie nur kurz: »Nein, den Gefallen tue ich dir nicht!« Ihr Blick war beinahe feindselig. Aber jetzt konnte ich unmöglich aufgeben.

»Elke«, beschwor ich sie, »wenn du mir den Gefallen nicht tun willst, dann denke an deine Kinder! Lass sie nicht im Stich. Sie lieben dich doch. Lone macht sich so große Sorgen um dich. Wenn du gewaltsam deinem Leben ein Ende machst, hast du nie mehr eine Möglichkeit, etwas wieder gutzumachen.«

»Ist mir egal! Lass mich in Ruhe!«

»Willst du etwa Hajo damit verletzen, wenn du dir das Leben nimmst? Ich glaube nicht, dass du ihn damit treffen kannst. Nimm doch Vernunft an!«

»Ich will aber nicht!« Sie sah mich so drohend und feindselig an, dass ich wirklich das Gefühl hatte, es sei nicht sie selbst, die das sagte. Zutiefst erschrocken stieß ich hervor: »Das bist nicht du, die das will. Da sind Mächte, die dich zwingen. Nur Satan will, dass Leben zerstört wird!«

Zornig sprang sie auf: »Jetzt reicht's mir aber!«, schrie sie und rannte hinaus, die Tür hinter sich zuschlagend. »Mich kriegst du hier nicht mehr zu sehen!«

Jetzt hatte ich auch noch den kleinen Rest Gesprächsbereitschaft bei ihr zerstört!

Verwirrt und erschüttert blieb ich zurück und schleuderte Gott meine Angst und meinen Zweifel entgegen. Ich hielt ihm alle seine Verheißungen vor, sagte ihm, dass ich dann auch nicht mehr leben könnte, wenn er es tatenlos zuließe, dass Elke sich umbringt. Nein, dann konnte ich ihm nicht mehr vertrauen! Aber woran sollte ich mich dann noch halten? Ohne Gott wollte und konnte ich nicht weiterleben. Am besten wäre es dann, mit Elke zusammen zu sterben.

Unsicher griff ich nach dem Losungsbuch und las die Tageslosung: »Herr, deine Treue ist groß!« (Klagld. 3,23)

Welche Treue? dachte ich bitter. Deine Treue, dass es uns immer noch schlechter gehen soll? Willst du uns denn zerstören?

Aber dann dachte ich daran, wie oft Gott uns schon geholfen hatte. Wie oft hatte ich erlebt, dass er in den größten Problemen eingegriffen hatte! Und es tat mir weh, Gott so bitter beschimpft zu haben. Aber wo war seine Hilfe jetzt, in dieser Situation?

Die Losungen werden von Millionen Christen gelesen, dachte ich. Wer weiß, wem dieses Wort heute gilt? Für uns scheint es wohl nicht bestimmt zu sein. Ängstlich und ganz durcheinander bat ich Gott: Wenn du noch ein anderes Wort für mich hast, mein Gott, dann zeig es mir doch bitte, eines nur für mich! Ich hab' doch niemand, mit dem ich sonst reden kann!

Ich schlug »Die Gute Nachricht« auf, in der ich an diesem Morgen gelesen hatte, und las den Text, auf den meine Augen als erstes fielen:

»Wir vertrauen ganz fest darauf, dass Gott uns hört, wenn wir ihn um etwas bitten, das seinem Willen entspricht. Darum wissen wir auch, dass er uns gibt, worum wir bitten.« (1. Joh. 5,14)

Das zu lesen, tat mir gut. Und es war doch nach Gottes Willen, um was ich bat. Zwischen Hoffnung und Zweifel hin- und hergerissen, hörte ich Schritte auf der Treppe. Da außer Elke niemand im Haus war, konnte nur sie es sein. Was hatte sie vor? Wohin würde sie gehen? Zu mir wollte sie ja nicht mehr kommen! Sollte ich zu ihr gehen, sie beobachten?

Während ich noch überlegte, stand sie vor mir: »Wenn du unbedingt etwas für mich tun willst, dann ruf diesen Tobias an! Mit dem würde ich reden.«

Schon war sie wieder draußen. Ich war so erleichtert, dass mir Tränen kamen: Danke, Herr!

Tobias meinte am Telefon, er könne sofort kommen. Während er mit ihr sprach, betete ich für ihn um die richtigen Worte.

Als er sich dann verabschiedete, gab er mir den Rat, sie ganz in Ruhe zu lassen. Sie fühle sich von mir bedrängt, hatte sie sich bei ihm beklagt.

Wir hatten bisher ohnehin kaum miteinander gesprochen, jetzt hielt ich mich noch mehr zurück. Wenn ich überhaupt etwas zu ihr sagte, waren es ganz alltäglich Dinge. Dass sie mir überhaupt antwortete, freute mich jedes Mal.

Vierzehn Tage später war die mühsam aufrechterhaltene Ruhe vorbei. Am Sonntagmorgen wollte Elke mit den Kindern und Hajo auf die Rennbahn fahren. Aber Hajo wollte nicht mit, obwohl er es ihr vorher versprochen hatte. Er hätte es sich überlegt, müsste noch ins Büro und hätte außerdem einfach keine Lust.

Sie bestürmte ihn, ihr und den Kindern doch den Gefallen zu tun, aber er blieb bei seiner Ablehnung.

»Sag mir einen Grund, warum du nicht mitkommen willst«, bedrängte sie ihn, während alle im Flur standen und auf seine Entscheidung warteten.

»Weil ich keine Lust habe.«

»Ich lade dich auch zum Essen ein, bezahle dir den Eintritt, wir können mit meinem Auto fahren, damit du kein Benzin brauchst . . .«

»Nein!«

»Wenn du mich liebst, wie du mir gestern gesagt hast, dann frage ich dich, warum du heute nicht mit mir dahin fahren willst? Willst du zu Rosi? Wartet die auf dich?«

»Quatsch! Die hat doch längst 'nen anderen!«

»Irgendeine Frau steckt dahinter! Du hast mich gestern angelogen.«

Verächtlich schob er sie zur Seite und ging hinaus, und sie rief aufgebracht hinter ihm her: »Da steckt bestimmt 'ne andere Frau dahinter. Aber warum musste ich unbedingt nach oben ziehen, wenn du mich doch nicht mehr liebst? Ich hab' mich so gefreut und hab' gemeint, es wird alles wieder gut!«

Schließlich fuhr sie mit Ole und Lone los.

Ich war also allein im Haus; Hajo wollte nicht zum Essen bleiben. Deshalb nahm ich mir vor, einen wunderschönen, aber empfindlichen Teppich aus dem Esszimmer hinüber ins Wohnzimmer zu legen. Das konnte ich nur machen, wenn mir niemand dazwischen kam, weil ich dafür auch Möbel ausräumen musste. Ich nutzte die gute Gelegenheit.

Als ich noch mitten im größten Durcheinander stand, kamen Elke und die Kinder schon wieder zurück. Es hatte ihnen wohl auf der Rennbahn nicht gefallen oder Elke hatte keine Ruhe und wollte sehen, wohin Hajo wirklich gegangen war.

Als sie hörte, dass er nicht zum Essen dagewesen war, stürmte sie sofort hinaus.

»Ich fahre zu Rosi!«, rief sie mir zu. Aber wenig später war sie zurück, wütend, enttäuscht: »Da ist er nicht! Dann hat er 'ne andere. Aber ich krieg's raus!«

Und sie erfuhr es noch am gleichen Abend. Sie war total verzweifelt, nur von einem Gedanken beherrscht: Schluss zu machen. Aber Hajo sollte dabei zusehen, sie wollte ihn verletzen, es ihm heimzuhlen.

Doch Hajo kam nicht. Die Kinder waren völlig verängstigt und verzweifelt. Sie verstanden nicht, was geschah.

Später ging Elke in den Keller, während Ole ganz bleich zu mir kam, um mir zu sagen, dass ich auf Elke aufpassen müsste, sie hätte ein ganz scharfes Messer mitgenommen und wolle sich damit die Pulsadern aufschneiden.

Lone stand weinend daneben und bat mich, mit ihr in den Keller zu gehen und ihre Mutter davon abzuhalten.

Bei aller Panik der Kinder spürte ich plötzlich eine Ruhe, über die ich mich nur wundern konnte. Ich hatte keinen Augenblick Angst, dass Elke ihr Vorhaben ausführen würde, und es gelang mir, auch die Kinder ein wenig zu trösten und zu beruhigen.

Ole wollte seine Mutter von seinem Zimmer aus beobachten und bat mich, auf Lichtzeichen in seinem Fenster zu achten. »Wenn ich das Licht kurz hintereinander ein- und ausschalte, dann musst du sofort die Polizei anrufen«, forderte er mich auf.

»Ich glaube nicht, dass es dazu kommen wird«, sagte ich so ruhig wie möglich. »Deine Mutter wird sich nicht das Leben nehmen, weil Gott es nicht zulässt.«

Zweifelnd sah er mich an: »Aber wenn doch? Achtest du auf das Licht?«

Ich versprach es ihm.

Lone war ihrer Mutter in den Keller gefolgt. Wenige Minuten später schrie sie entsetzlich, und ich lief ebenfalls hinunter. Sie hielt Elke umklammert und schrie und schrie, bis sie mich sah.

Elke presste ein Teppichmesser an ihr Handgelenk und hatte sich schon leicht geritzt. Blut quoll hervor.

Mit aller Kraft packte ich sie, drehte sie zu mir um und brüllte sie an: »Jetzt reichts aber! Denk endlich mal nicht nur an dich, sondern auch an deine Kinder! Was glaubst du, was du ihnen damit antust, wenn sie das mitansehen müssen! Ich weiß, du willst Hajo treffen. Aber viel mehr als ihn verletzt du Ole und Lone. Wenn sie mit dieser Erinnerung an ihre Mutter weiterleben müssen, ist das grausam von dir. Hör endlich damit auf, ihnen Angst zu machen!«

Während ich Elke zornig anschrie, ließ sie sich das Messer widerstandslos wegnehmen. Ich schob sie vor mir her nach oben in meine Wohnung.

Die leise weinende Lone klammerte sich an mir fest.

Ich fragte, ob ich Tobias anrufen solle, aber sie gab mir die Telefonnummer einer Psychologin, mit der sie schon früher gesprochen hatte. Die Psychologin war aber nicht zu erreichen, und ich hinterließ ihr eine Nachricht auf dem Anrufbeantworter. Vielleicht würde sie ja bald zurückrufen.

Elke ging nach oben. Lone wollte ihr folgen, um auf sie aufzupassen, aber Elke versprach ihr, dass sie nichts mehr unternehmen würde, sie könnte ruhig schlafen gehen.

Lone war immer noch verzweifelt und voller Angst, aber sie ließ ihre Mutter gehen und ich beruhigte sie: »Wir müssen deine Mutter jetzt einfach Gott anvertrauen. Wir können sie ohnehin nicht wirklich daran hindern, sich das Leben zu nehmen, wenn sie es will. Aber Gott kann seine Engel schicken, die auf sie aufpassen. Du weißt ja, wie oft Gott schon deine Gebete erhört hat. Warum sollte er es diesmal nicht tun?«

Lone schluchzte: »Vielleicht wäre es besser gewesen, wenn sie weggegangen wäre. Dann könnte sie nicht mit Papa streiten und bräuchte sich nicht das Leben zu nehmen.«

»Aber dann hättest du schon seit einigen Jahren keine Mama und keine Oma mehr. Dein Papa hätte Rosi geheiratet, und ich hätte ausziehen müssen. – Wäre das besser?«

»Nein, das nicht. Aber, wenn Mutti bei meiner Geburt gestorben wäre und ich auch? Das wäre bestimmt am besten gewesen!«

»Ach, Lone. Gott wollte doch, dass ihr beide lebt, deshalb hat er euren Tod damals nicht zugelassen. Und darum glaube ich ganz fest, dass er es auch jetzt nicht zulässt, dass deine Mutter sich umbringt. Gott will doch, dass sie sich zu ihm wendet, darum wird er auf sie aufpassen.«

Das beruhigte Lone ein wenig, und sie legte sich bei mir auf die Couch zum Schlafen.

Elke kam wieder herunter und fragte, ob die Psychologin immer noch nicht angerufen habe. Dann sollte ich den Notarzt holen. Sie müsse eine Beruhigungsspritze haben, sonst könne sie für nichts garantieren.

Ich wusste nicht, welcher Arzt Bereitschaft hatte und fragte deshalb bei der Polizei nach. Die Beamten wollten den Notdienst verständigen, aber da sie niemanden erreichen konnten, kamen sie vorsichtshalber selbst, um bei Elke zu bleiben, bis der Arzt kommen konnte.

Erst als die Ärztin kam, gingen die Polizisten, und Lone meinte: »Waren das die Engel, die Gott zu meiner Mutti geschickt hat?«

»Das waren sie wohl«, meinte ich, und sie legte sich beruhigt wieder hin.

Aber kaum war sie wieder eingeschlafen, kam Evi hereingestürmt: »Ich muss den Tierarzt rufen, das Fohlen – es kommt nicht!«

Das hatte gerade noch gefehlt! Lone sprang auf: »Ich will in den Stall!«

»Das geht jetzt nicht, da stehst du im Weg. Wenn das Fohlen da ist, dann darfst du in den Stall«, versprach ich ihr. Sie hörte wohl an meiner Stimme, dass ich keinen Widerspruch dulden würde.

Inzwischen hatte die Ärztin Elke soweit beruhigt, dass sie meinte, sie allein lassen zu können. Gerade als sie noch einmal mit mir sprach, kam Hajo durch die vordere Tür. Evi stürmte durch die Hoftür herein und verkündete erleichtert: »Das ist noch mal gutgegangen! Aber ohne den Tierarzt hätte es bestimmt nicht geklappt.«

»Jetzt will ich aber gucken!«, rief Lone in das Durcheinander, und ihr Papa nahm sie auf den Arm, um mit ihr in den Stall zu gehen und das neugeborene Fohlen anzusehen.

Dann endlich zog Ruhe ein. Draußen wurde es schon hell, und Hajo meinte, dass die Kinder nicht zur Schule gehen sollten nach dieser Nacht.

Als Lone morgens ausgeschlafen hatte, las ich ihr die Losung vor, die wieder einmal für uns geschrieben zu sein schien: »Der Herr, euer Gott, hat selber für euch gestritten.« (Jos. 23,3)

»Siehst du«, sagte ich zu Lone, »es waren wirklich Gottes Engel bei uns in der Nacht.«

Elke fuhr am nächsten Vormittag zu ihrer Ärztin, um sich mit ihr zu beraten. Die überwies sie nach Hannover, weil sie meinte, dort gäbe es mehr Möglichkeiten, ihr zu helfen. Man riet ihr, um Abstand zu gewinnen, zunächst bei guten Freunden auszuspannen. So fuhr sie zu Verwandten nach Darmstadt, wo eine Cousine, selbst Ärztin, sie bei Bedarf auch medizinisch betreuen konnte. Doch vorher bat sie mich, mit ihr nach Lüchow zu fahren.

Sie hatte sich mit Hajos neuer Freundin Carmen verabredet und wollte sie bitten, Hajo vorerst nicht mehr zu treffen. Carmen wusste um Elkes Krankheit und dass sie nicht mehr lange zu leben hätte. Elke bat sie, doch noch bis zu ihrem Tod zu warten. Danach könne Hajo ja zusammenleben, mit wem er wolle.

Sie bekam keine eindeutige Zusage, doch sie hoffte auf Carmens Verständnis.

Als ich sie später nach Uelzen zum Bahnhof fuhr, wirkte sie ruhig und recht entspannt. Abends rief sie bei mir an. Ihre Stimme klang so heiter, wie ich sie schon lange nicht mehr gehört hatte. Es schien ihr wirklich gut zu gehen, und sie wollte einige Tage bei ihren Verwandten bleiben.

Am Samstagabend, als sie sich nach den Kindern erkundigte und ich ihr erzählte, dass sie mit Hajo fort gewesen seien, schlug ihre Stimmung plötzlich völlig um: »Dann hat er die Kinder mitgenommen zu seiner Freundin! Das ist gemein!« Nach einer kurzen Pause sagte sie bestimmt: »Ich komme morgen nach Hause. Kannst du mich in Uelzen abholen?«

Carmen war tatsächlich nicht auf Elkes Bitte eingegangen, hatte deren Situation nicht begriffen oder nicht begreifen wollen, sondern traf sich weiter mit Hajo. Sie nahm jetzt sogar mit den Kindern Kontakt auf. Das war zu viel für Elke. Voller Zorn und Verzweiflung nahm sie ein Messer und eine mit ihrem Blut gefüllte Spritze und wartete auf Hajos Rückkehr. Ich versuchte, sie davon abzubringen, aber sie reagierte gar nicht mehr auf mich. Sie wiederholte nur immer wieder:

»Damit werde ich ihm zeigen, wie man sich fühlt, wenn man nur noch den Tod vor Augen hat.«

Hajo hatte keine Schwierigkeiten, ihr die Spritze und das Messer wegzunehmen. Und er reagierte nicht einmal auf Elkes furchtbaren Ausbruch, zeigte kein Verständnis für ihre Situation und ihre Gefühle.

Ich empfand sein Verhalten als grausam. Er wusste doch, dass sie nicht mehr viel Zeit hatte, warum nahm er nicht auf ihre Gefühle ein wenig Rücksicht? Bei Lones Geburt hatte Elke sich mit dieser Krankheit infiziert, und Lone war auch sein Kind. Elke hatte doch keine Schuld daran, dass die Krankheit ihr Leben zerstörte. Es tat mir so weh zu sehen, was aus der lebenslustigen und aktiven Frau geworden war. Wenn ich ihr doch helfen könnte! Gut war es nur, dass sie nicht verhindern konnte, dass ich für sie betete. Das war sicher die wirkungsvollste Hilfe, die ich ihr geben konnte.

Einige Wochen lang hielt Elke an der Absicht fest, sich das Leben zu nehmen und versuchte es mehrmals. So schrecklich es war, wir gewöhnten uns beinahe daran. Auch die Kinder nahmen es äußerlich gelassen hin, wenn sie zum Beispiel lange Zeit jegliches Essen verweigerte.

Einmal war sie noch bereit, mit Tobias zu sprechen, aber sie erzählte ihm nur Lügen und Geschichten voller Verdrehungen. Was Tobias mir davon erzählte, schockierte mich: Ihre Bekehrung sei nicht echt gewesen, damit hätte sie nur mir einen Gefallen tun wollen. Ihre Kinder habe sie nicht gewollt, weil sie Hajo nie geliebt habe. Ole sei ein »Unfall« gewesen, eigentlich hätte sie ihn abtreiben lassen wollen. Dazu sei sie damals mit Hajo nach Schottland gefahren.

Früher war Elke absolut ehrlich gewesen. Ich hatte mich auf das, was sie sagte, immer hundertprozentig verlassen können. Und nun war fast jedes Wort eine Verfälschung oder Lüge. Was war nur mit ihr los?

Einmal warf sie mir in Lones Beisein vor, dass ich sie durch mein ständiges Weinen nur zu erpressen versuche, aber inzwischen sei sie dagegen so abgehärtet, dass ich nichts mehr bei ihr erreichen könne.

»Stimmt das, dass ich immer weine und jammere?«, fragte ich Lone.

Sie schüttelte heftig und erstaunt den Kopf: »Nein, das stimmt nicht! Du weinst nicht einmal, wenn Papa gemein zu dir ist. Du siehst dann nur ganz traurig aus.«

»Na, dann eben nicht!«, meinte Elke und fügte unwillig hinzu:

»Aber früher hast du andauernd geweint und immerzu nur gebetet.«

»Natürlich habe ich früher auch gebetet, als ich mit euch drei Kindern allein fertig werden musste. Aber das könnt ihr wohl kaum bemerkt haben; denn ich hab' nachts gebetet, wenn ihr längst eingeschlafen wart. Und eins habe ich ganz sicher nicht getan. Ich habe mich nicht vor euren Augen umzubringen versucht, obwohl ich manchmal auch verzweifelt genug war, weil ich nicht wusste, wie ich euch ernähren sollte.«

»Das hab' ich doch gar nicht gemacht!«, protestierte sie, aber Lone stand direkt vor ihr, sah sie sehr ernst an und sagte:

»Doch, in der Nacht, als das Fohlen geboren ist. Da hast du immer wieder versucht, dich umzubringen. Oma hat dir das Messer weggenommen und dich angeschrien.«

Elke schüttelte den Kopf: »Ihr spinnt doch beide! Davon müsste ich doch was wissen!«

Hatte sie es tatsächlich ganz und gar vergessen? Verdrängte sie alles, was ihr unangenehm war? Oder stellte sie es absichtlich anders dar? Sie war auf jeden Fall sehr streitsüchtig. Sie wollte niemals nachgeben, nie eingestehen, dass auch jemand anders Recht haben konnte.

Je mehr Elkes Lebenswille abnahm, desto schneller verschlechterte sich ihr Gesundheitszustand. Seit September hatte sie Durchfall, sie konnte fast nichts mehr essen, und obwohl wir ständig versuchten herauszufinden, was für sie verträglich war, wurde der Durchfall immer schlimmer.

Mitte November wurde sie stationär in Hannover aufgenommen und künstlich ernährt, aber der Durchfall blieb. Sie rechnete nicht damit, dass sie Weihnachten noch mit uns feiern würde. Das erklärte sie uns sehr ruhig und gefasst. Aber meine Hoffnung, dass sie nun, so nah vor dem Tod, auch Versöhnung mit Gott suchte, erfüllte sich nicht.

Ich bat Tobias, sie im Krankenhaus zu besuchen. Er war seit einiger Zeit Schüler einer Bibelschule und fuhr für das Wochenende zu seiner Familie nach Lüchow. Elke in der Medizinischen Hochschule zu besuchen, war für ihn kein großer Umweg. Vielleicht könnte er mit ihr sprechen und beten?

Als Evi und ich zwei Tage später zu ihr fuhren, wusste ich nicht, ob Tobias bei ihr gewesen war. Aber Elke erzählte sofort:

»Dein komischer Tobias war hier, aber ich bin auf ihn echt sauer.«

»Womit hat er dich geärgert?«, fragte ich verwundert.

»Der wollte mich auch nur bekehren.«

Ich sah sie traurig an: »Und du wolltest dich darauf nicht einlassen?«

Augenblicklich veränderte sich ihr bisher freundliches Gesicht und drückte so viel Zorn und Ingrimm aus, dass ich erschrak. Wütend schrie sie mich an: »Wenn du das auch willst, dann verschwinde hier, sofort – ich will dich nicht mehr sehen!« Aufgebracht deutete sie mit ausgestrecktem Arm und grässlich funkelnden Augen auf die Tür.

Evi war kurz zum Automaten gegangen, um uns Kaffee zu holen. Deshalb erlebte sie diese Szene nicht. Aber Andy, ein Bekannter, der uns begleitete, war ziemlich schockiert und fragte sich ängstlich, was mit Elke los sei.

Es war so enttäuschend für mich, dass sie noch immer nicht bereit war, Frieden mit Gott zu machen. Immer wieder fragte ich im Gebet: Herr, hast du sie aufgegeben? Hast du sie dir doch aus deiner Hand reißen lassen? Ich kann es nicht glauben. Dann hättest du sie besser schon bei Lones Geburt sterben lassen, als sie dir so vertraute, sich von keinem Problem ihren Glauben und ihre Zuversicht nehmen ließ.

Es schien mir ganz offensichtlich, dass sie von finsteren Mächten beeinflusst wurde. Wie war es nur dazu gekommen? Hatte sie in Trotz und Auflehnung gegen Gott diese satanischen Mächte zur Heilung nutzen wollen, obwohl sie die Gefahren kannte?

Vor längerer Zeit hatte sie sich von einer Frau massieren lassen, die sich damit rühmte, welche wunderbaren Gefühle sie erlebte, wenn die Kräfte des Universums durch ihre Hände strömten, die dann heilen konnten. Ich hatte besorgt zugehört, aber Elke schien es gar nicht zur Kenntnis genommen zu haben. Oder hatte sie es nicht hören wollen?

Manchmal kamen mir Zweifel, ob Jesus sie aus dieser Tiefe noch herausholen würde. Und ich zweifelte auf einmal auch daran, ob er es überhaupt wollte, nachdem sie sich womöglich wissentlich diesen Einflüssen ausgesetzt hatte.

Zum Jahreswechsel wurde Elke gefragt, ob sie nach Hause wolle. Sie könne im Krankenwagen fahren und auch wieder abgeholt werden, vom Krankenpfleger begleitet und mit allen Infusionsgeräten versorgt. Aber Elke wollte ganz nach Hause, nicht nur für einen Abend – sie wollte zu Hause sterben.

Die Verlegung nach Hause ließ sich nicht so kurzfristig ermöglichen. Dazu musste sie die erforderlichen Geräte mitnehmen und jemanden finden, der sie bedienen konnte.

Hajo erklärte sich dazu bereit, nachdem er in der Klinik eine Anleitung bekommen hatte.

Schließlich wurde Elke Mitte Januar mit dem Krankenwagen gebracht, obwohl das Infusionsgerät noch nicht geliefert werden konnte. Aber der Tropf ließ sich auch an einem Ständer aufhängen.

Elke hatte einen Venenzugang gelegt bekommen, in den auch ein Laie die Infusionsnadel stechen konnte, wenn er einmal dabei zugesehen hatte.

Ich bot Elke an, in meiner Wohnung zu bleiben, wo ich sie leichter betreuen und eher hören konnte, wenn sie etwas brauchte. Doch das lehnte sie ab. Sie wollte oben in ihrem Wohnzimmer auf der Couch liegen.

Den Nagel, an dem der Tropf aufgehängt werden sollte, steckte Hajo in ein bröckeliges Loch in der Wand, direkt über Elkes Kopf. Sie protestierte bitter: »Du wirst mich schon noch schnell genug loswerden, auch wenn der Tropf an einem festen Haken hängt und mir nicht auf den Kopf fallen kann.«

Ich fand es unverständlich und entsetzlich, dass es Hajo wichtiger war, die Wand nicht zu beschädigen als die Flasche sicher anzubringen. Als abends die Ärztin kam, die Hajo zeigen wollte, wie er die Nadel in den Zugang stecken musste, bestand sie erbost darauf, dass eine sichere Aufhängung angebracht wurde.

Einige Tage lang schien es Elke zu Hause ganz gut zu gehen. Aber dann kam sie allein nicht mehr auf die Toilette und zog vom Wohnzimmer ins Schlafzimmer um, wo ein Toilettenstuhl neben ihr Bett gestellt wurde.

Inzwischen hatte eine Krankenschwester den Infusionsapparat gebracht und Hajo damit vertraut gemacht. Noch einmal fragte ich Elke, ob sie nicht zu mir kommen wolle, damit sie oben nicht so allein wäre. Aber auch jetzt lehnte sie mein Angebot ab.

»Dann stell ich wenigstens ein Babyphon neben dein Bett, damit ich dich unten hören kann«, schlug ich vor. Damit war sie einverstanden. Aber Hajo stellte das Babyphon wieder ab. Auf meine verwunderte Frage sagte er nur, er wolle nicht von mir belauscht werden, wenn er sich mit Elke unterhalte. Aber er schaltete das Gerät auch nicht wieder ein, wenn er morgens aus dem Haus ging.

So war Elke fast den ganzen Tag allein. Wenn ich sie fragte, was ich für sie tun könne, schüttelte sie nur den Kopf. Hajo kümmerte sich angeblich um die Tropfflaschen, die aber meist leer waren, wenn ich danach sah. Als ich ihn danach fragte, gab er mir kurz und gereizt zur Antwort, das habe schon seine Richtigkeit, darum brauche ich mich nicht zu kümmern.

Bald konnte Elke auch nicht mehr auf den Toilettenstuhl kommen, der anhaltende Durchfall hatte sie zu sehr entkräftet. Sie bekam Windeln und die mussten oft gewechselt werden. Tagsüber machte ich es; wenn Hajo da war, brauchte ich mich nicht darum zu kümmern, wie er mir sagte.

Die Kinder besuchten sie kaum noch, sie konnten mit dem Zustand ihrer Mutter nicht umgehen. Lone sah nun fast so elend aus wie ihre Mutter.

Etwas in mir wünschte sich, dass Elke sterben könnte. Auch mir fiel es von Tag zu Tag schwerer mitanzusehen, was mit ihr geschah. Andererseits hatte ich die Hoffnung noch nicht aufgegeben, dass die Liebe Jesu sie doch noch erreichen und sie im Frieden mit Gott sterben könnte.

Dafür betete auch Lone immer und immer wieder. Sie wollte doch ihre Mutter so gerne im Himmel wiedersehen!

»Alle eure Sorgen werfet auf ihn!« (1. Petr. 5,7). So lautete die Losung, die ich am Jahresanfang gezogen hatte. Was hätte ich sonst wohl machen können? Wie sollte ich allein mit allem fertig werden? Es war niemand da, mit dem ich meine Last, meine Zweifel und Ängste hätte teilen können.

Außer der Pflege der beiden Kranken gab es noch eine Menge anderer Dinge, die mich beunruhigten, Dinge, die unweigerlich auf mich zukommen würden, sobald Elke gestorben wäre. Was sollte aus Lone werden? Ich wusste, dass Hajo schon alles vorbereitet hatte, um mich aus der Wohnung hinauszubringen. Da würde es nicht viel nutzen, dass ich Wohnrecht auf Lebenszeit hatte. Meine Kraft würde wohl auch nicht ausreichen, um mein Recht zu verteidigen und mich ihm gegenüber zu behaupten. Und dann? Dann hatte Lone auch mich nicht mehr. Und sie hing doch auch an mir so sehr.

Ach Herr, ich weiß nicht, wie es weitergehen soll! Ich sehe keinen Weg, keine Lösung, seufzte ich oft.

Dann wagte ich noch einmal, Elke zu fragen, ob ich ihr wenigstens den Kassettenrekorder bringen dürfte, damit sie Kassetten hören konnte. Ein zaghaftes Nicken war die Antwort. Vorsichtshalber fragte ich noch, ob sie auch mit christlichen Kassetten einverstanden wäre, ich hätte ja keine anderen. Auch darauf nickte sie, und da begann ich wieder zu hoffen.

Ich legte eine Kassette ein, die ich mir erst kürzlich vom Evangeliums-Rundfunk hatte schicken lassen: ».. . aber wir verzagen nicht!« Ich blieb bei ihr sitzen und streichelte ihre durchsichtige Hand. Ängstlich und gespannt beobachtete ich, wie die Worte des Seelsorgers auf sie wirkten. Entspannung und ein Hauch von Frieden zogen über ihr eingefallenes, bleiches Gesicht. Sie lauschte ganz aufmerksam. Als die erste Seite zu Ende war, fragte ich, ob ich umdrehen dürfte. Wieder nickte sie und hörte auch die zweite Seite mit geschlossenen Augen.

Dann kamen Evi und wenig später Roland. Der fragte ganz einfach, ob wir nicht miteinander beten wollten. Wortlos faltete Elke die Hände. Sie stimmte zu!

Obwohl ich genau wusste, dass sie sehr bald sterben würde, war ich glücklich. Eine große, ja die größte Sorge hatte Gott mir abgenommen. Nun wusste ich, dass Elke ihr Leben wieder in Gottes Hände gelegt hatte. Endlich! Ich weinte vor Freude, als ich es Lone erzählte.

Lone dachte kurz nach. Ich spürte, wie auch sie aufatmete und dann ganz schlicht meinte: »Wenn Mama nun wieder betet, dann wäre es doch besser, wenn sie sterben könnte, damit sie nicht mehr so leiden muss.«

Einen solchen Satz hätte ich von einem zehnjährigen Kind niemals erwartet. Eine Liebe, die eher die Trennung von einem geliebten Menschen in Kauf nehmen wollte, als ihn leiden zu sehen – dazu war sie offenbar schon fähig.

Ja, Herr, betete ich, es ist gut. Nun bin ich ganz einverstanden, wenn du Elkes Leid bald beendest und sie zu dir nimmst, jetzt, wo auch Lone ihre Mutter losgelassen hat. Lass sie nicht mehr so lange leiden.

Etwa eine Woche später war es dann so weit. Hajo war morgens wie gewohnt ins Büro gefahren und hatte mir vorher gesagt, ich bräuchte mich nicht um Elke zu kümmern, er hätte sie sauber gemacht, und sie sei gleich wieder eingeschlafen. Bestimmt würde sie zwei Stunden lang schlafen und ich sollte sie nicht stören.

Ich war misstrauisch. Schon oft hatte er mir gesagt, dass er sie sauber gemacht hätte, und wenn ich dann nachsah, war sie durch und durch nass. Deshalb ging ich sofort zu ihr. Es war entsetzlich, wie ich sie vorfand. Elke war vollkommen blau, ihre Zähne klapperten so laut, dass ich es hörte, als ich die Tür öffnete. Die Temperatur im Zimmer war eisig, das Fenster stand offen, obwohl es draußen kalt war, die Heizung hatte Hajo abgedreht. Elkes Decke war ganz nass und die nasseste Seite lag über ihrem Gesicht. Einen Augenblick lang stand ich starr vor Schreck und Entrüstung. Ich musste tief durchatmen, damit ich nachdenken konnte, wie und womit ich ihr zuerst helfen könnte: die Fenster schließen, die Heizung aufdrehen, nach unten laufen und trockenes Bettzeug und Wärmflaschen holen und jede Menge Handtücher, mit denen ich sie vorsichtig abreiben konnte.

Als ich sie ein wenig aufgewärmt hatte, kam Hilde, die, seit Elke wieder oben wohnte, einmal in der Woche oben putzte und bügelte. Heute war ihr Tag. Noch nie hatte ich mich über ihr Erscheinen so gefreut wie jetzt. Sie konnte mir helfen und ich hatte Zeit, mich ein wenig von dem Schreck zu erholen.

Aber dann begann der Todeskampf. Elke bäumte sich auf, ihre Augen starrten vor Entsetzen geweitet zur Zimmerdecke, mit den Armen schien sie etwas Bedrohliches abwehren zu wollen. Ihr abgemagerter Körper bebte so stark, dass ich sie nicht halten konnte.

Hajo kam zum Mittagessen, aber das musste heute ausfallen. Er rief die Ärztin an, die Elke eine Spritze gab. Doch trotz der Spritze wurde sie nicht ruhiger. Stunde um Stunde verging. Die Ärztin ging, wollte aber wiederkommen. Auch Hajo fuhr weg und nahm Hilde mit.

Nun war ich ganz allein mit meiner Tochter, die im Sterben lag und gegen einen Furcht erregenden Feind zu kämpfen schien, der sie bedrohte. Ich betete laut um Hilfe: »Herr Jesus Christus, du hast doch deine Feinde besiegt! Gib Elke jetzt Frieden in dir, beschütze sie, steh ihr bei! Du hast gesagt, dass dir alle Macht im Himmel und auf der Erde gegeben ist, du kannst sie doch jetzt nicht allein und ohne Schutz sterben lassen. Erbarme dich über meine Tochter!«

Aber es schien sich nichts zu verändern. »Gilt deine Zusage nicht mehr?«, fragte ich immer verzweifelter, während ich fühlte, dass meine Kraft nachließ; ich konnte Elke nicht mehr festhalten.

Als die Ärztin nach etwa zwei Stunden wiederkam, brach ich zusammen. Wie von ferne hörte ich sie sagen, dass man für mich einen Notarzt rufen müsste. Dann verlor ich das Bewusstsein und kam erst wieder zu mir, als ich auf meinem Bett lag, es mochte wohl gegen neun oder zehn Uhr abends sein.

Als die Ärztin nach mir sah und bemerkte, dass ich wieder bei Bewusstsein war, tröstete sie mich: »Bald nachdem Sie bewusstlos wurden, ließen die Krämpfe bei Elke nach. Sie ist jetzt ganz ruhig und es wird bald vorbei sein. Wollen Sie noch mit mir hochgehen?«

Ich hatte keinen Mut mehr. Meine Kraft war restlos aufgebraucht. Wenig später kam Evi, um mir zu sagen, dass Elke tot sei.

Ach, Herr, vergib mir, dass ich nicht noch einmal zu ihr gegangen bin. Ich fürchtete so sehr, dass die entsetzlichen Krämpfe wieder anfangen würden, wenn ich zu ihr käme. Vergib mir meine Feigheit, Herr. Und danke, dass du sie im Sterben nicht allein gelassen hast.

Und am nächsten Tag hatte Lone Geburtstag! Der zehnte Geburtstag dieses Kindes, der unser aller Leben verändert hatte. Genau zehn Jahre nach den schlimmen Ereignissen bei ihrer Geburt starb ihre Mutter unter ähnlich dramatischen Umständen. Elke, die sich so sehr über die Geburt der kleinen Tochter gefreut hatte, aber sich dann in diesen zehn Jahren vor eine endlose Reihe von Problemen gestellt sah. Jetzt war sie zur Ruhe gekommen.

Für uns alle ging ein Lebensabschnitt zu Ende. Für jeden von uns würde sich vieles entscheidend verändern. Aber wie es nun weitergehen sollte, darüber machte ich mir im Augenblick keine Gedanken. Ich fühlte mich innerlich ausgehöhlt und nicht mehr fähig, klar zu denken.

Ein Kalenderzettel, schon einige Jahre alt, lag in der Bibel, nach der ich jetzt griff, während ich die schrecklichen Ereignisse des vergangenen Tages an mir vorüberziehen ließ. Es schien mir, als habe dieses Blatt nur gewartet, dass ich es in dieser Stunde lesen sollte, als wäre es eigens für mich und für diese Situation geschrieben worden:

> »Gott ist der Eine, der Macht hat.
> Sein Wort zählt, weil es bewirkt, was es sagt.
> Auf ihn ist Verlass.
> Er, der den Erdkreis gegründet hat,
> setzt seine ganze göttliche Macht ein,
> uns Menschen beizustehen.
> Er hält uns aus.
> Weder unser Versagen
> noch unser Stolz können ihn davon abbringen,
> uns die Treue zu halten.
> Von diesem Gott kommt unsere Kraft.
> Weil er sich mit uns verbündet,
> können wir getrost weitergehen
> und staunend bekennen:
> Herr Gott, wer ist wie du?«

Freunde

»Meine Freunde hast du mir entfremdet, hast mich ihnen zum Abscheu gemacht.« (Psalm 88,9)

Noch immer fragte ich mich, warum Gott es zu diesen schrecklichen Ereignissen kommen ließ, warum auch Lone die tödliche Krankheit bekommen musste, obwohl man heute weiß, dass nur etwa zwanzig Prozent der Säuglinge durch Muttermilch infiziert werden. Irgendwie glaubte ich immer noch, dass Gott es gut mit uns meint, auch wenn ich sein Handeln nicht verstand. Nicht an seiner Gerechtigkeit zu zweifeln, fiel mir aber sehr schwer.

Lone trauerte nicht sehr um ihre Mutter. Es war für sie zu schrecklich gewesen, ihr Leiden miterleben zu müssen. Auch ich durfte ihr nicht zeigen, wie schwer der Verlust meiner Tochter für mich war. Sobald sie meine Traurigkeit wahrnahm, erklärte sie mir, ich solle doch nicht traurig sein, da der Tod Elke doch von Leid und schrecklichen Schmerzen erlöst hatte. Und eigentlich – das sagte sie dann auch – sei ihre Mutter doch schon lange nicht mehr richtig für sie da gewesen. Wenn sie nicht im Krankenhaus war, dann arbeitete sie am Computer. Aber die Oma, die hatte immer Zeit für sie. Wenn die gestorben wäre ...

Ich nahm mich also sehr zusammen, wenn das Kind in meiner Nähe war. Es war nicht nur der Abschiedsschmerz, der mich beschäftigte, sondern vor allem die Ungewissheit darüber, wie es für uns weitergehen sollte. Mir war klar, dass Lone mich jetzt besonders brauchte, aber würde Hajo das einsehen? Würde er mich wenigstens noch so lange in diesem Haus haben wollen, bis seine Tochter ohne mich zurechtkam?

Notfalls müsste ich dem Kind zuliebe darauf bestehen, die Wohnung zu behalten. Vielleicht konnte ich ja Lone auch mitnehmen, wenn Hajo mich unbedingt los sein wollte?

Diese Unsicherheiten machten mir Angst und wenn ich über unsere Zukunft nachdachte, war ich sehr bedrückt. Obwohl die Jahreslosung immer noch galt: »Alle eure Sorgen werfet auf ihn!« (1. Petr. 5,7)

Um Ole machte ich mir weniger Gedanken. Er war jetzt schon 17 Jahre alt, und für ihn war sein Vater, mit dem er sich auch ganz gut verstand, wichtiger als eine alte Großmutter.

Lone sah schrecklich elend aus, und ich fürchtete, dass sie vielleicht gar nicht so viel länger leben würde als ihre Mutter. Dunkle Schatten lagen auf ihren eingefallenen Wangen und tiefe Ringe um ihre sonst so fröhlichen Augen. Ich wünschte mir sehr, dass sie nicht so lange leiden musste.

Ihre Geburtstagsparty verschoben wir, obwohl wir damit rechnen mussten, dass es ihr letzter Geburtstag sein könnte.

Elkes Beerdigung fand im kleinsten Kreis statt, um möglichst wenig Aufsehen zu erregen und um Fragen über ihre Krankheit aus dem Weg zu gehen. Auch für die Kinder war es besser, nicht so viele Menschen dabeizuhaben, wenn sie endgültig von ihrer Mutter Abschied nehmen mussten.

Hajo bat mich, den Prediger zu fragen, ob er die Trauerfeier halten würde. Von meinen Hauskreisfreunden hatte ich nur Martina angerufen; sie wollte alle anderen benachrichtigen, meinte aber, dass der Termin mittags um 13 Uhr ungünstig sei, weil die Mütter um diese Zeit ihre Kinder aus der Schule erwarteten. Mir lag auch gar nicht so viel daran, die Leute aus dem Hauskreis auf dem Friedhof zu treffen. Bei der nächsten Bibelstunde würde ich sie ja sehen. Trotzdem nahmen sich einige die Zeit und kamen zum Begräbnis.

Nach der kurzen Feier am Grab gingen wir sofort zu unseren Autos. Es war ungemütlich kalt, und wir waren merkwürdig froh, dass es nun vorbei war. Nach der Verwirrung und den Schrecken der letzten Wochen wollten wir nun zur Ruhe kommen.

Der Prediger sprach noch mit einigen Frauen vom Hauskreis, während Hilde sich uns anschloss. Ich fühlte mich total erschöpft, wie ausgebrannt und hatte keine Lust, noch mit irgend jemandem zu reden.

Am folgenden Sonntag wurde ich mittags von Hermann, dem Gastgeber des Hauskreises, angerufen und gebeten, am Nachmittag zu ihnen zu kommen. Wir wollten uns einmal zusammensetzen, nicht zur Bibelbetrachtung, wie er betonte, sondern zu einem Gespräch über »verschiedene andere Fragen«.

Irgendwie hatte ich bei dem Anruf ein seltsames Gefühl. War es, weil Hermann selbst mich anrief statt Martina, die sonst die Verabredungen arrangierte, wenn sie außerhalb der üblichen Termine stattfanden? Nun, ich würde es ja bald erfahren, warum wir zu so ungewöhnlicher Zeit eingeladen worden waren.

Schon beim Hereinkommen spürte ich Ablehnung. Offensichtlich war ich die Letzte, obwohl ich pünktlich kam. Die anderen hatten wohl schon miteinander gesprochen.

Martina rief mir von der Küche her zu, ich solle mich schon mal an meinen Platz setzen. Als ich an Marianne vorbei ging und ihr die Hand geben wollte, sah ich jeden einzelnen Finger dick mit Leukoplaststreifen umwickelt, und sie wies mich darauf hin, dass sie sich verletzt habe. So berührte ich leicht ihren Oberarm. Doch da drehte sie sich blitzschnell zur Seite. Auch Hermann, an dem ich vorbeigehen musste, um an meinen Platz zu kommen, zog hastig seine Hände weg, als ich ihn begrüßen wollte.

Ich ahnte mit einem Mal, um was sich unser Gespräch heute drehen würde.

Elsbeth, die sonst gewöhnlich neben mir auf der langen Couch saß, war noch nicht da, auch Karla nicht. Man sagte mir, dass die beiden nicht kommen würden. Dass sie gar nicht eingeladen worden waren, erfuhr ich erst später.

Auf Elsbeths Platz saß Ella, deren Stammplatz vom Prediger besetzt war, der noch nie an diesem Hauskreis teilgenommen hatte. Ella zog als einzige ihre Hand nicht weg, als ich ihr meine hinstreckte. Trotz der bekannten Gesichter und der vertrauten Umgebung fühlte ich mich sehr fremd.

Nachdem auch Martina ihren Platz eingenommen hatte, betete der Prediger, und Ella schlug vor, ich sollte mir heute ein Lied wünschen.

Ich wählte eins, das wir noch nie gemeinsam gesungen hatten. Manche kannten die Melodie gar nicht. Aber mir ging es um den Text, den ich in meiner Situation gern singen wollte, sonst hätte ich mir auch ein anderes Lied wünschen können. Darum wollte ich die Melodie auf dem elektronischen Klavier vorspielen, das die Gastgeber seit kurzer Zeit besaßen. Doch wie in Panik sprang Martina auf, deckte das Klavier ab und meinte nervös: »Sicher können alle mitsingen, wenn jemand anstimmt.«

Der Prediger hatte eine sehr kräftige Stimme, und ihm war auch die Melodie bekannt. So stimmte er an, und wir sangen zuerst etwas zaghaft, bald jedoch immer sicherer, die einfache Melodie des Liedes:

»Ich weiß, an wen ich glaube, ich weiß, was fest besteht,
wenn alles hier im Staube wie Rauch und Schall vergeht.
Ich weiß, was ewig bleibet, wo alles wankt und fällt,
wo Wahn die Weisen treibet und Trug die Klugen prellt.«

Dann erfuhr ich, warum wir uns heute außer der Reihe trafen: Alle wussten jetzt von Elkes Krankheit und dass auch Lone HIV-positiv war. Dass ich davon nichts gesagt hatte, sei einfach unglaublich, darin waren sich alle einig, und darum sollte nun besprochen werden, wie es weitergehen könnte mit dem Hausbibelkreis und mir.

Ich fühlte mich wie eine Angeklagte. Mir gegenüber sah ich

kalte Gesichter, und die einzelnen Punkte der Kritik prasselten auf mich nieder wie Steine, einer immer schwerer als der andere.

Der Prediger war, wie man mir sagte, mit meiner »Verteidigung« beauftragt ·worden. Er hatte einige Informationsblätter, aus denen er vorlas, wie gefährlich Aids sei und wie leicht man sich damit infizieren könne, weil die Viren überall seien, nicht nur im Blut, auch im Schweiß, in der Tränenflüssigkeit, im Speichel und so weiter.

Alle sahen mich zornig an: Ich hätte das ja wohl gewusst und niemanden hier gewarnt! Ich war jede Woche zur Bibelbetrachtung hergekommen und hatte in Kauf genommen, dass mehrere Familien mit dieser tödlichen Krankheit infiziert werden konnten. Sogar Lone, die selbst HIV-positiv war, hatte ich nicht daran gehindert, mit den Kindern dieser Familien zu spielen. Das sei absolut unverantwortlich.

Diese Anklagepunkte entkräftete mein »Verteidiger« mit keinem Wort. Er stellte auch keine einzige Frage an mich oder versuchte, meine Position zu verstehen. Er hätte auch jemanden befragen oder noch besser mitbringen können, der über Aids bessere Auskunft hätte geben können als diese Merkblätter, zum Beispiel einen Arzt oder Pfleger von der Aidshilfe. Statt dessen bemühte er sich überhaupt nicht erst, mir beizustehen.

Wenn ich selbst eine Erklärung gab, wurde diese gar nicht beachtet, auch von meinem Verteidiger nicht. Das einzige, was man als Entschuldigung für mein »vollkommen unverantwortliches und unchristliches Verhalten« gelten lassen wollte, war die Tatsache, dass Elke mir das Versprechen abgenommen hatte, niemandem von der Krankheit zu erzählen. Aber unter diesen Umständen hätte ich eben selbst so viel Verantwortungsbewusstsein aufbringen müssen, nicht mehr in den Bibelkreis zu kommen. Stattdessen hätte ich mit ihnen gegessen und getrunken, ihre Hände geschüttelt, als sei das nicht gefährlich. Weil man mich jedoch trotz dieses Fehlverhaltens schätze, sei man bereit, mir zu verzeihen. Ich könne auch weiterhin am Bibelkreis teilnehmen, wenn ich einen Aids-Test machen ließe und ihnen das Ergebnis ehrlich und umgehend mitteile.

Sie hörten mir gar nicht zu, als ich sagte, dass ein Aids-Test völlig unsinnig sei. Wenn die Ansteckungsgefahr wirklich so groß wäre, wie sie behaupteten, dann könnte ich mich doch zu jeder Zeit infizieren, solange ich mit Lone zusammen war. Das Testergebnis wäre längst überholt, bevor ich es ihnen vorlegte.

Erst später wurde mir klar, dass sie alle damit rechneten, ich würde mich in Zukunft nicht mehr um Lone kümmern können. Vor einiger Zeit hatte ich einmal geäußert, dass mein Schwiegersohn mich nach Elkes Tod sicher nicht länger in seinem Haus wohnen lassen würde. Vielleicht glaubten und hofften sie auch, dass Lone ihrer Mutter sehr bald folgen würde. Dann wäre sie keine Gefahr mehr für Christen, denen ihre Gesundheit und ihr Leben hier auf der Erde so wichtig sind.

Ella gab mir zum Abschied wieder die Hand. Martina begleitete mich hinaus, und ohne darüber nachzudenken, streckte sie mir die Hand hin, die ich auch nahm. Erschrocken zog sie sie plötzlich zurück und flüsterte: »Ich kann mir die Hand ja gleich waschen.«

Bitter dachte ich: Wenn man Aids beim Händeschütteln bekommen kann, dann wird es dir nichts mehr nützen, wenn du deine Hand jetzt wäschst.

Wie betäubt fuhr ich nach Hause.

Die Leere und der Schmerz nach Elkes Tod waren nichts gegen das, was ich jetzt empfand. Von allen Freunden plötzlich so abgelehnt zu werden, war schlimmer, als einen Menschen durch den Tod zu verlieren. In diesem Kreis hatte ich doch Verständnis und Trost finden wollen, aber sie wandten sich eiskalt ab. Mit meinen Problemen wollten sie nichts zu tun haben. Sie mitzutragen, war ihnen zu gefährlich.

Wie würden sich erst andere, fremde Menschen verhalten, wenn sie von Lones Krankheit erfuhren? Von Nichtchristen hätte ich solch eine Reaktion vielleicht eher erwartet. Wer sich nicht in Gottes Fürsorge und Liebe geborgen weiß, der fürchtet sich natürlich vor einer tödlichen Krankheit, dachte ich. Aber wie können sich Christen so davor fürchten, dass sie darüber die Liebe untereinander völlig vergessen? Warum glaubten sie den Ärzten nicht, die ihnen bestätigten, dass weder von Lone noch von mir eine Ansteckungsgefahr ausging? Und selbst wenn wirklich ein Ansteckungsrisiko bestünde, könnten sie als Christen doch Gott vertrauen. Er würde ihnen doch nichts zumuten, was sie nicht tragen konnten.

Immerhin hatte Lone jahrelang mit ihren Kindern gespielt, und niemand war infiziert worden, wie die Tests zeigten, die sie alle sofort hatten machen lassen. Auch wenn diese Tatsache sie eigentlich hätte beruhigen können, wollten sie wohl unbedingt eine Gefahr in uns sehen oder waren so in Panik, dass sie die Realität nicht mehr wahrnahmen.

Jetzt machte ich mir vor allem um Lone Gedanken. Wenn Martina, wie sie sich vorgenommen hatte, alle Lehrer und alle Eltern von Lones Mitschülern informierte, dann wäre Lone bald sehr allein.

Gestern Abend hatte ich ihr von Salomo erzählt: Er hatte sich etwas von Gott wünschen dürfen, und sein Wunsch war auch erfüllt worden. Ich hatte Lone gefragt, was sie sich wünschen würde. Ganz spontan, ohne lange zu überlegen, sagte sie: »Dass ich immer eine Freundin habe, mit der ich mich so gut verstehe wie mit Daniela – das wünsche ich mir.«

Mit ihrer besten Freundin, Daniela, würde sie nie wieder spielen dürfen. Ihr war längst von ihrer Mutter verboten worden, sich mit Lone zu treffen. Auch auf ihre kleineren Geschwister sollte sie achten, sie von Lone fern halten, hatte Martina ihrer Tochter eingeschärft.

Am liebsten wäre ich gar nicht nach Hause gegangen. Wie sollte ich dem Kind erklären, dass sie mit ihrer besten Freundin nicht mehr spielen durfte? – Nein, vorläufig wollte ich ihr nichts davon sagen, beschloss ich auf dem Heimweg.

Und ich sprach meine Fragen vor Gott aus: Ist der Wunsch dieses Kindes so unbescheiden, dass du ihn nicht erfüllen kannst oder willst? Wird sie nie mehr Freunde haben? Wird sie gemieden und allein gelassen werden, auch von ihrer Klassenkameradin? Nein, dann werde ich lieber Hajo bitten, uns bei der Suche nach einer Wohnung weit weg von hier zu helfen, wo uns niemand kennt, wo keine Martina anderen Leuten davon erzählen kann, dass Lone Aids hat.

Zu Hause wagte ich nicht, von der »Verhandlung« gegen mich zu erzählen. Das konnte ich jetzt nicht, und ich wusste auch nicht, ob ich überhaupt einmal darüber sprechen würde. Ich wollte doch meine christlichen Freunde nicht bloßstellen in ihrer Unbarmherzigkeit Lone und mir gegenüber. Ich schämte mich für ihre Lieblosigkeit, mit der sie so kalt und herzlos über das Leid von Freunden hinweggehen konnten. Und schließlich fiele damit auch ein schlechtes Licht auf alle Christen. Wie unglaubwürdig würde dadurch die Nachricht von der Liebe Jesu. Nein, das konnte ich niemandem erzählen.

Nur mit Gott sprach ich darüber. Mit Davids Worten klagte ich: »Wenn mein Feind mich schmähte, wollte ich es ertragen, aber nun bist du es, mein Gefährte, mein Freund, die wir miteinander in Gottes Haus gingen.« (Psalm 55,13–14)

Vielleicht würden sie ja noch einmal darüber nachdenken, nachdem sie den Schock überwunden hatten, und zu der Einsicht kommen, dass Gott schließlich ihre Gesundheit und Krankheit in seiner Hand hielt. Ich wünschte es mir so sehr und betete eindringlich für sie alle.

Doch ich hoffte vergeblich, wie sich schon bald zeigte.

Sechs Wochen später trafen wir uns noch einmal. Martina hatte Geburtstag, und da sie mich eingeladen hatte, hoffte ich, dass sie ihre Furcht nun doch verloren hätte.

Noch einmal wurde ich enttäuscht. Sie wollte mich nur dazu bringen, selbst allen Bekannten von Lones Krankheit zu erzählen. »Es ist deine Pflicht als Christin, die du doch sein willst, andere auf die Gefahr aufmerksam zu machen, die ihnen durch den Kontakt mit Lone droht.«

»Beim Spielen und beim Kontakt mit Lone geht niemand ein Risiko ein, weder in der Schule noch hier bei euch«, antwortete ich. »Eure Kinder sind auf der Straße und im Auto viel mehr in Gefahr als beim Spiel mit Lone; das kannst du glauben, und das hat dir ja auch der Arzt gesagt. Wenn du an meine Pflicht als Christin appellierst, dann weise ich dich darauf hin, dass jeder Autofahrer eine viel größere Gefahr für andere darstellt, als ein HIV-positives Kind. Oder kannst du mit absoluter Sicherheit sagen, dass andere Verkehrsteilnehmer durch dich nicht gefährdet werden können? Wenn du das nicht kannst, dann dürftest du als verantwortungsbewusste Christin nicht Auto fahren.«

Darauf ging sie nicht ein. Sie bestand weiterhin darauf, dass ich als nächstes alle mir bekannten Kontaktpersonen zu informieren hätte. »Wenn du dich nicht traust, werde ich es für dich tun.«

»Nein!«, sagte ich entschieden. »Ich werde es nicht tun, und ich will auch nicht, dass du es tust, weil ich einfach keinen Grund dafür sehe.«

Wenige Tage später erfuhr ich, dass Martina ihr Vorhaben ausgeführt hatte, die Eltern von Lones Mitschülern zu informieren.

Die Mutter einer Klassenkameradin, eine Nachbarin von uns, mit deren Kindern Lone von klein auf gespielt hatte, wurde Martinas erstes Ziel. Ausgerechnet in der Praxis unseres Hausarztes hatte sie Frau Lehmann angesprochen und es ihr erzählt.

Als Frau Lehmann, sehr schockiert von dieser Nachricht, nach Hause kam, traf sie dort auf Evi, die bei Lehmanns Hauswirtin half, die Pferde zu versorgen. Ob das stimme, dass Lone Aids habe, wollte Frau Lehmann von Evi wissen.

Evi wusste nichts von meinem Gespräch mit Martina. Sie wurde einfach fürchterlich wütend und fuhr Frau Lehmann an. Dann kam sie zu mir, rannte mich fast um, während sie nach

Martinas Telefonnummer fragte, ohne mir zu sagen, um was es ginge. Das hörte ich dann allerdings gleich; denn sie brüllte am Telefon so, dass kein Zweifel mehr blieb. Sie knallte den Hörer auf und meinte, Martina würde bestimmt gleich zurückrufen und mit mir sprechen wollen, aber ich solle bloß nicht mehr mit ihr reden. Martina habe tatsächlich Frau Lehmann hinter unserem Rücken von Lones Krankheit erzählt und sie ausdrücklich beauftragt, es allen anderen Eltern mitzuteilen. Evi glaubte, Frau Lehmann würde es auch sofort brühwarm den Nachbarn berichten. Und dann hätte Lone keine einzige Freundin mehr, mit der sie noch spielen könne.

So wütend hatte ich meine sonst so gelassene Tochter noch nie erlebt. Als unmittelbar danach das Telefon klingelte, wusste sie, dass es Martina war. Sie nahm selbst ab und schrie Martina an, sagte ihr, dass ich nicht mehr mit ihr sprechen wolle. Dazu wäre ich wohl in diesem Augenblick auch gar nicht in der Lage gewesen. Meine schlimmsten Befürchtungen sollten sich anscheinend bewahrheiten.

»Du solltest wohl am besten mit Lone von hier wegziehen«, riet mir Evi, »irgendwohin, wo euch niemand kennt, damit Lone nicht ganz isoliert wird. Diese Christen! Christliche Liebe – dass ich nicht lache! Brutal und egoistisch! Bei denen gibt es wohl nicht so was wie Barmherzigkeit und Mitleid mit einem kranken Kind? Dass Martina zu so etwas fähig ist! Dabei fand sie Lone doch immer so lieb, war immer so begeistert, wie schön sie mit ihren Kindern spielt und dass ihre Kinder nur Gutes von ihr lernen können. Und dann kriegt sie es fertig, von Lones Krankheit allen zu erzählen, die es hören oder nicht hören wollen. Geh nur nicht noch mal zu dem Hauskreis! Diese Heuchler!«

Warum nur hatte Martina das getan? Sah sie darin wirklich ihre Aufgabe als Christin? Hatte Jesus sich nicht mit den Kranken und Hilflosen und besonders mit Kindern identifiziert? Hatte er nicht gesagt: »Wer einen solchen aufnimmt, nimmt mich auf«? Würde ihr irgendjemand dafür danken, es als christliches, verantwortungsbewusstes Handeln würdigen?

Ich bemerkte sehr bald, dass man Martinas Verhalten ablehnte. Sie hatte Freunde verraten, und das fand man einfach verabscheuungswürdig. Da fragte niemand nach ihren Beweggründen. Ihr Verhalten hatte zur Folge, dass Christen pauschal als Heuchler verurteilt wurden, die unbarmherzig und lieblos miteinander umgehen und von denen man sich besser fern hält.

Nein, Martinas »Aufklärungskampagne« nützte niemandem, absolut niemandem. Ihr Verhalten drückte Panik aus, aber nichts von der Geborgenheit in Gott, in der Christen leben können. Dagegen war der Schaden, den sie angerichtet hatte, noch nicht abzusehen. Nicht so sehr bei Lone, deren wirkliche Freunde nun erst in Erscheinung traten.

Als Hajo mittags nach Hause kam, hatte er von der Sache schon erfahren und war wütend auf mich: »Warum hast du das in deinem Bibelkreis überhaupt erzählt! Wir waren uns doch einig, dass niemand davon wissen soll. Aber du vertraust das deinen zweifelhaften Freunden an, und Lone muss darunter leiden.«

Natürlich verteidigte ich mich: »Ich habe es ihnen nicht erzählt. Nur einmal, das ist schon ziemlich lange her, als es Lone sehr schlecht ging, da habe ich es dem Prediger gesagt, weil ich hoffte, dass die Gemeinde für Lone beten würde.«

»Hat der es jetzt ausgeplaudert? Dann kann er sich auf was gefasst machen!«

»Ich weiß es nicht, aber eigentlich darf er so was doch gar nicht weitergeben; er muss doch das Beichtgeheimnis wahren.«

»Er hat aber an Elkes Grab, gleich nach der Beerdigung, mit mehreren Leuten gesprochen. Vielleicht hat er es da weitererzählt.«

»Ich weiß es nicht.«

»Ist egal, wer es verraten hat – ich werde der Aidshilfe

Bescheid sagen, die kriegen raus, woher es kommt, verlass dich drauf!«

Hajo musste sich nicht bemühen, noch am gleichen Tag hörte ich von Nachbarn, dass der Prediger die Bibelkreisteilnehmer noch auf dem Friedhof unterrichtet hatte.

Jetzt war ich nicht nur unheimlich enttäuscht, ich wurde auch wütend. Und um zu verhindern, dass Martina noch mehr Schaden anrichtete, schrieb ich an den Prediger und forderte ihn auf, mit Martina zu reden, bevor die Aidshilfe sich einschalte. Aber es war bereits zu spät. Hajo hatte es weitergegeben und sagte mir, dass man mit dem Vorgesetzten des Predigers sprechen würde.

»Das wird ihn teuer zu stehen kommen!«, schimpfte Hajo, und jeder Versuch, ihn noch zurückzuhalten, war zwecklos. Ich konnte den Lauf der Dinge nicht mehr ändern. Und – wenn ich ganz ehrlich war – ich wollte es jetzt auch nicht mehr. Sollten sie ruhig Gegenwind bekommen. Sie schienen wirklich nicht zu wissen, was sie taten. Nicht einmal der Prediger schien die Unbarmherzigkeit des Vorgehens zu bemerken. Er hatte mir auf meine Bitte, er möge mit Martina sprechen, nur in zwei knappen, kalten Sätzen geantwortet, dass ich mich durch meine Uneinsichtigkeit selbst immer mehr ins Abseits manövriere.

Trotz der Enttäuschung, die sie mir bereitet hatten, wünschte und betete ich, daß Gott ihnen vergeben möge. Bestimmt würden sie es irgendwann einsehen, wie lieblos sie an dem kranken Kind und auch an mir gehandelt hatten.

Evi war nach dem Anruf bei Martina sofort wieder zu Lehmanns gegangen. Sie wollte sich für Lone einsetzen: »Ich werde mit Irene, Sabines Mutter, sprechen. Die weiß es jetzt bestimmt auch von Frau Lehmann. Vielleicht versteht sie unsere Situation und hat nichts dagegen, dass Sabine weiter mit Lone spielen darf. Ich hoffe es auf jeden Fall.«

Und dann erlebten wir Wunder. Nicht nur Frau Lehmann hatte sich beim Gesundheitsamt informiert und wusste nun, dass von Lone keine Gefahr ausging, auch Sabines Mutter hatte sich erkundigt und zu Evi gesagt, dass Lone ihnen wie bisher immer willkommen sei.

Meine christlichen Freunde waren blind vor Panik, aber diese Nachbarn, von denen wir es kaum erwartet hatten, zeigten Verständnis für Lone und standen zu ihr.

So erfüllte sich Lones Wunsch trotz allem. Sie hatte Freundinnen, die auch für sie eintraten, wenn andere sie zu schikanieren versuchten. Auf diese Freundinnen konnte sie sich verlassen.

Ich musste an das Gleichnis vom barmherzigen Samariter denken. Auch dort gingen alle vorüber, von denen man sicher erwartet hätte, dass sie sich um den Verletzten kümmerten. Der Priester und der Levit hatten sich zu sehr gefürchtet, in dieser einsamen Gegend einem Menschen zu helfen, der ausgeraubt und halbtot geschlagen worden war. Aber der Fremde, ein bei den gläubigen Juden verachteter Samariter, ein Ungläubiger, der hatte den Schwerverletzten versorgt! Er hatte sich in Gefahr begeben, obwohl es auch ihm sicher bekannt war, dass auf dem Weg von Jerusalem nach Jericho solche Überfälle oft vorkamen. Er hatte es nicht fertiggebracht, einen Menschen liegen zu lassen und sich selbst in Sicherheit zu bringen.

Jesus kannte seine Leute. Er wusste genau, dass auch Gläubige wegsehen, wenn sie um ihr eigenes Leben fürchten. Warum eigentlich?, so fragte ich mich, so fragte ich Seelsorger, bei denen ich Rat suchte. Christen, die sich in der Hand Gottes geborgen wissen, brauchen sich doch weder vor einer Krankheit noch vor dem Tod zu fürchten.

Wie gut war es, trotz allem zu wissen, dass es überall auf der Welt Menschen gibt, Christen und Nichtchristen, die mit anderen empfinden und leiden und sich für sie einsetzen. Ob sie es wissen oder nicht, sie dienen damit Jesus selbst.

Noch in der gleichen Woche besuchte ich Lones Lehrerin, um sie über Lones Krankheit zu informieren, bevor Martina es tun würde. Sie ging sehr verständnisvoll auf unser Anliegen ein, die Krankheit auch weiterhin möglichst geheim zu halten, um Lone nicht den Schikanen anderer Schüler auszusetzen. Der Rektor der Grundschule sah ebenfalls keine Veranlassung, jemandem davon zu berichten. Wenn von Aidskranken wirklich eine Ansteckungsgefahr ausginge, dann, so meinte er, würden sie genau wie Tuberkulose-Kranke isoliert, dann gäbe es entsprechende Gesetze zum Schutz der Gesunden. Er hatte auch kein Verständnis für Martinas »christliches Verantwortungsbewusstsein«.

Ich war erleichtert und dankbar, bei ihnen so viel Entgegenkommen zu finden. Wir hatten nun andere Freunde, auf die wir uns verlassen konnten, nachdem uns die, die wir vorher für Freunde gehalten hatten, einfach fallen ließen.

Es tat uns tatsächlich gut, nun nicht mehr so vorsichtig sein und nicht jedes Wort zuerst abwägen zu müssen, um von der Krankheit nichts zu verraten. Alles war um vieles leichter, seit wir offener darüber sprechen konnten.

Wie oft hatte Elke sich gewünscht, von dieser bedrückenden Krankheit erzählen zu dürfen, aber sie hatte es nicht gewagt, um Lone nicht zu schaden. Manchmal hatte sie das Gefühl, sie müsste an dieser Heimlichkeit ersticken.

Nun war es zwar nicht allen bekannt, aber denen, die es wussten, kam es nicht in den Sinn, Lone im Stich zu lassen. Die Hauskreisteilnehmer waren von irgendeiner Seite offensichtlich gewarnt worden, es noch weiter herumzuerzählen.

Und Lone? Wie reagierte sie darauf, dass Daniela nun nicht mehr mit ihr spielen durfte?

Sie war sehr traurig, aber sie wusste auch, dass die Freundin sich auf Anweisung ihrer Mutter von ihr fern halten musste, und war ihr deswegen nicht böse. Nur einmal hatte sie Tränen in den Augen, als sie mir davon erzählte, dass Daniela ihren jüngeren Bruder Johannes weggerufen hatte, als er auf dem Schulhof mit Lone sprach.

Aber sie konnte auch von positiven Erfahrungen berichten. Als Schüler einer anderen Klasse sie mit Bemerkungen über den Tod ihrer Mutter verletzten, waren Diana und Sabine sofort bei ihr und gemeinsam setzten sie sich gegen die unverschämten Sticheleien zur Wehr. Gott kümmerte sich wirklich um Lone.

Was helfen uns die schweren Sorgen?

»Du führst, Herr, meine Sache!« (Klagelieder 3,58)

Nach vielen enttäuschenden Erlebnissen und dem Schmerz in der Zeit nach Elkes Beerdigung gab es für Lone auch eine gute Nachricht: Die Aidshilfe stellte für sie eine Spende von 1500 DM bereit, über die sie nach eigenen Wünschen verfügen durfte. Niemand von uns sollte ihr hineinreden, wir durften sie allenfalls beraten.

Elke hatte von dieser Spende gewusst und damit gerechnet, dass sie um die Weihnachtszeit ausgezahlt werden würde. Gut, dass es nicht so gekommen war. Zu der Zeit hätte Lone nicht viel damit anfangen können, weil es ihr in der Sorge um ihre Mutter zu schlecht ging. Jetzt aber kam sie dadurch auf andere Gedanken und freute sich über die Möglichkeit, sich irgendetwas Schönes leisten zu dürfen.

Zwei freundliche Männer von der Aidshilfe erschienen und überreichten Lone den Betrag in bar. Sie hatte viele Ideen für die Verwendung des Geldes und entschloss sich schließlich, während der Osterferien eine dreiwöchige Urlaubsreise nach Amrum zu machen. Da hatte es ihr vor fünf Jahren so gut gefallen, und bis zu den Osterferien waren es nur noch wenige Tage.

Ich wollte mit ihr fahren, natürlich auf eigene Rechnung, damit sie sich außer der Reise auch noch andere Wünsche erfüllen konnte.

Von der Kurverwaltung in Norddorf bekamen wir die Adresse einer Vermieterin, die noch ein Appartement frei hatte.

Hajo brachte uns nach Lüneburg zum Bahnhof, von dort fuhren wir mit dem Zug. Einen Tag nach Ferienbeginn war der brechend voll, so dass wir regelrecht hineingequetscht wurden.

Aber wir fanden noch einen Sitzplatz in einem Abteil der ersten Klasse. Der freundliche Schaffner duldete uns mit der Fahrkarte für die zweite Klasse stillschweigend in diesem Abteil.

In Dagebüll mussten wir lange auf die verspätete Fähre warten. Lone war total unterkühlt von dem eiskalten Wind und fing an zu weinen. Sie wollte sogar umkehren. Dann mussten wir noch einmal in Wittdün auf ein Taxi warten. Hier schien es noch kälter zu sein. Endlich waren wir doch am Ziel, so ausgelaugt von der ungemütlichen Fahrt und der Warterei, dass die sonst so gelassene Lone weinend und nörgelnd sofort schlafen gehen wollte. Wir waren ja auch morgens schon um 5.30 Uhr losgefahren.

Doch als ich aus dem Koffer ihren Schlafanzug heraussuchte, entdeckte sie die Strandsachen. Da war alle Müdigkeit wie weggeblasen.

»Ich möchte doch erst an den Strand gehen«, entschied sie, und begann sofort, ihren Trainingsanzug anzuziehen.

»Gut, dann gehen wir erst an den Strand. Auf dem Rückweg werden wir sehen, wo wir etwas essen können.«

Der eisige Wind wehte so stark, dass wir schon umkehren mussten, ehe wir das Wasser erreicht hatten.

Der Kurbetrieb hatte noch nicht begonnen; die Geschäfte waren heute, am Samstagnachmittag, überhaupt nicht geöffnet, so dass wir uns nicht einmal Getränke kaufen konnten, und die Gastwirtschaften öffneten erst um 18.00 Uhr. Deshalb mussten wir noch eine Stunde warten, bis wir essen und etwas Warmes trinken konnten.

Müde und hungrig, wie wir waren, schien uns die Zeit im Schneckentempo zu vergehen. Hoffentlich würde es nicht so kalt bleiben.

Am nächsten Morgen weckte uns die Sonne, die in unser Zimmer strahlte, als wolle sie uns begrüßen. Der Wind schien auch nachgelassen zu haben. Wir hatten beide gut geschlafen, und die Welt sah gleich ganz anders aus. Wir kamen richtig in Urlaubsstimmung.

Nach dem Frühstück machten wir einen Rundgang zu unseren Lieblingsplätzen vom letzten Aufenthalt hier. Wir erlebten eine Enttäuschung nach der anderen. Noch nicht einmal die Koppeln, auf denen Lone früher so gern die Pferde besucht hatte, waren zu erreichen. Der Minigolfplatz und das Schwimmbad sollten erst am nächsten Wochenende öffnen. Es blieb uns nur der Strand, und dort war es immer noch ungemütlich kalt, viel zu kalt für ein kleines Mädchen, das so leicht fror.

Lone quengelte ziemlich unzufrieden und wollte wieder nach Hause. Wahrscheinlich hatte sie auch Heimweh; denn nachdem Evi abends angerufen hatte, ging es ihr gleich besser.

Zum Glück gab es in unserem Appartement einen Fernseher. Aber heute war Lone so müde, dass sie davor einschlief, noch vor dem Abendessen. Die Seeluft schien zu wirken, obwohl wir gar nicht viel draußen gewesen waren. Trotz einiger Enttäuschungen tat uns die andere Umgebung sicher gut.

Aber dann holten uns die Sorgen und Probleme auch hier ein. Evi war mit dem Auto in eine Polizeikontrolle gekommen und hatte vergeblich die Papiere gesucht. Darum rief sie an, um mich zu fragen, ob ich sie mitgenommen hätte. Im Handschuhfach, wo wir sie sonst aufbewahrten, waren sie nicht.

»Hast du Hajo schon gefragt?«, wollte ich wissen.

»Der weiß angeblich nichts, aber wenn du sie nicht hast, werde ich ihn noch mal fragen. Die können nicht allein rausgelaufen sein. Ich habe das Auto immer abgeschlossen. Außer Hajo konnte da niemand drankommen. Der hat ja wohl Elkes Schlüssel.«

Im vergangenen Sommer hatten Elke und ich uns ein neues Auto mit Katalysator gekauft, der Umwelt zuliebe. Die Anzahlung dafür hatte ich geleistet, und ich wollte auch die restlichen Raten zahlen, wenn Elke das Auto nicht mehr brauchte. Sie war sehr viel damit gefahren, bis sie im November in die Klinik aufgenommen worden war. Danach fuhren nur noch Evi und ich damit, und ich bezahlte die Versicherung und die noch fehlenden Raten.

Evi beklagte sich, dass Hajo immer unfreundlicher wurde. Anscheinend konnte ihm niemand etwas recht machen.

Da waren die Sorgen wieder und standen wie riesengroße Berge vor mir. Ich muss sehr bedrückt ausgesehen haben, denn Lone legte ihren Arm um mich und meinte: »Sei nicht traurig, Omi. Jesus ist doch auch noch da.«

Natürlich, das Kind hatte Recht. Hatte ich immer noch nicht begriffen, dass ich nicht allein mit schweren Gedanken fertig werden musste?

Einige Tage später meldete Evi mir, dass Hajo die Papiere in Elkes Handtasche »gefunden« hätte. Wie sie da wohl hineingekommen waren? Als wir Elke im Januar in Hannover besucht hatten, waren sie noch im Auto gewesen. Ich erinnerte mich genau, dass wir uns vor der Fahrt nach Hannover davon überzeugt hatten. Und nach Hause war Elke mit dem Krankenwagen gebracht worden. Sie hatte nicht mehr auf den Hof gehen können, um die Papiere aus dem Auto zu nehmen und in ihre Handtasche zu stecken. Aber wir ließen es gut sein. Welchen Sinn konnte es wohl haben, sich mit Hajo darüber zu streiten? Lone hatte Recht: Jesus war auch noch da.

Nachdem das Schwimmbad geöffnet hatte, gingen wir täglich dorthin. Das Wasser war mit 30 Grad so warm, dass Lone lange darin schwimmen und toben konnte. Und weil nur wenige Feriengäste da waren, hatten wir oft das ganze Bad für uns allein. Das machte Lone großen Spaß. Nun konnte sie endlich richtig schwimmen lernen. Dank ihrer Zähigkeit und Ausdauer schaffte sie nach wenigen Tagen schon eine Beckenlänge ohne Unterbrechung. Sie hatte es sich sehr gewünscht, richtig ausgiebig und lange im Wasser sein zu können.

Einmal verletzte sie sich ein bisschen am Beckenrand, so dass sie eine kleine Schürfwunde am Knie hatte, die etwas blutete. Sie zeigte es mir sofort und meinte niedergeschlagen: »Dann muss ich heute aufhören. Mein Blut darf ja nicht ins Wasser kommen. Morgen ist es aber bestimmt wieder heil, dann geht's weiter!«

Ich glaubte zwar nicht, dass dadurch irgendjemand angesteckt werden könnte, aber ich freute mich, dass sie so verantwortungsbewusst und gewissenhaft war, und wir verließen das Schwimmbad.

Um sie für die Enttäuschung zu entschädigen, fuhren wir nach dem Mittagessen mit dem Bus nach Wittdün zum Bummeln. In einem Schaufenster dort sah Lone eine Puppe, groß, hübsch, mit langen, echten Haaren, die man auch frisieren konnte. Sie war augenblicklich in diese Puppe verliebt und wollte sie unbedingt haben.

Als sie den Preis erfuhr, zögerte sie einen Augenblick, doch schnell hatte sie sich ausgerechnet, dass von dem Spendengeld noch genug übrig war. Ich hatte allerdings nicht genügend Bargeld mitgenommen, so dass ich sie vertrösten musste. »Wir werden morgen wieder herfahren. Ich muss erst Geld holen. Außerdem kannst du so noch eine Nacht darüber schlafen und dir gründlich überlegen, ob du sie wirklich kaufen möchtest.«

»Aber wenn sie dann weg ist?«

»Wir werden den Verkäufer bitten, sie zurückzulegen.«

»Und wenn er das nicht macht? Oder wenn ein anderer sie verkauft, der nichts davon weiß?«

»Wir bitten ihn, einen Zettel dranzuhängen.«

Am anderen Morgen war Lone schon früh wach, sehr besorgt um ihre Puppe.

Wir fuhren schon am Vormittag nach Wittdün, um sie zu kaufen. Natürlich durfte sie nicht im Karton bleiben. Strahlend vor Freude trug sie ihren Schatz auf dem Arm und genoss es sehr, dass auch andere Leute ihre hübsche Puppe bestaunten.

Am Ostersonntag hatten wir Bilderbuchwetter. Weil Lone sich kräftig genug fühlte, konnten wir einen Fahrradausflug machen. Auch die Puppe nahm sie mit, nachdem wir für sie einen

Fahrradkorb gekauft hatten. Wir fuhren zur Ausgrabungsstätte einer Frühsiedlung.

Lone war so beeindruckt, dass sie fragte, ob sie mit ihrer Krankheit wohl Archäologie studieren könnte, um auch einmal solche interessanten Ausgrabungen zu machen. Wie sie das wohl schaffen würde, überlegte sie, und ob dazu das Abitur notwendig sei.

Nach zwei Wochen sah Lone erholt aus und hatte auch etwas zugenommen. Aber in der letzten Woche wurde das Wetter so schlecht, dass wir nichts mehr unternehmen konnten. Selbst der Weg ins Schwimmbad war bei dem Sturm für sie zu anstrengend. Und der Wetterbericht machte uns keine Hoffnung auf Besserung. Darum beschlossen wir, schon drei Tage früher nach Hause zu fahren.

Als wir Hajo anriefen und ihn baten, uns in Lüneburg abzuholen, war er sehr abweisend. Nein, das könne er nicht. Wir sollten ein Taxi nehmen oder mit dem Bus fahren.

Wir hatten zwar die schweren Koffer aufgegeben, aber trotzdem noch einiges zu tragen. Zum Glück konnte uns Evi vom Bahnhof abholen. Das war mir nur recht, denn so wurde ich nicht sofort mit allem konfrontiert, was mich in den nächsten Wochen an Ärger und unangenehmen Auseinandersetzungen erwartete.

Hajo war nicht da, wie Ole berichtete. Er war mit seiner Freundin verreist und wollte erst am Sonntagabend zurückkommen.

Ich atmete erleichtert auf: Eine kleine »Gnadenfrist« blieb mir noch vor der nächsten Begegnung mit Hajo.

Ole erzählte mir, dass Carmen, Hajos Freundin, einziehen wolle, sobald alles umgebaut sei.

»Dann muss ich wohl auch bald ausziehen?«, fragte ich Ole.
»Ich glaub' schon. Deine Wohnung soll umgebaut werden.«
Alles kam so, wie ich es befürchtet hatte. Für mich wäre es

sowieso viel einfacher, hier wegzuziehen, dachte ich. Aber was soll aus Lone werden? Ob sie bei einer fremden Frau bleiben will, die zwei eigene kleine Kinder hat? Kann die sich um ein krankes Kind überhaupt kümmern?

Wenn ich an Elkes letzte Wochen dachte, dann war mir klar, dass eine Frau mit zwei Kindern das gar nicht übernehmen konnte. Vielleicht wollten Hajo und Carmen Lone auch in eine Klinik abschieben? Dagegen würde ich wirklich alles einsetzen, was mir an Mitteln zur Verfügung stand. Dieses Kind sollte nicht den Rest seines Lebens auf der Isolier- oder Intensivstation einer Klinik verbringen!

Ich musste versuchen, mich irgendwie mit Hajo zu einigen, musste ihn darauf hinweisen, was es für ein krankes Kind, das erst vor wenigen Wochen die Mutter leiden und sterben gesehen hat und von klein auf mit der Großmutter vertraut ist, bedeutet, wenn es nun auch die noch verliert. Und das nur, weil sein eigener Vater sie nicht länger in seinem Hause haben will . . . Das konnte er doch unmöglich wollen. Er wusste doch, dass auch Lone nicht mehr lange zu leben hatte.

Am Sonntagabend kam Hajo sofort zu mir. Nachdem er seine Tochter begrüßt hatte, fragte er, ob ich morgen Nachmittag etwas Zeit für ein Gespräch hätte.

Von einem Augenblick zum anderen war ich sehr aufgeregt. Aber wie schon mehrmals erinnerte ich mich auch jetzt daran, dass Jesus ein guter Zuhörer ist. Ich konnte ohnehin nicht schlafen, so betete ich fast die ganze Nacht hindurch. Trotzdem zitterte ich innerlich.

Hajo ging es zunächst um das Auto, das ich mit Elke gemeinsam gekauft hatte. Ob ich das beweisen könne? Wir hatten zwar keinen Vertrag darüber geschlossen, aber Elke hatte mir in der Nacht, als sie sich das Leben nehmen wollte, ihr Testament gegeben: Ihren Anteil am Auto vererbte sie mir, und für ihre Stute Shabera mit deren Fohlen bestimmte sie Evi als Erbin.

Auf diesem Blatt, unordentlich gefaltet und zum Teil verknittert, dem man ansah, dass er in Eile und großer Erregung geschrieben worden war, hatte sie ihren letzten Willen ausgedrückt und Hajo enterbt. Der letzte Satz, mit dem Elke die Enterbung ihres Mannes begründete, war für mich so entsetzlich, von so großer Enttäuschung und Verbitterung geprägt, dass ich dieses Testament am liebsten niemandem gezeigt hätte. Aber nun musste ich es doch tun. Es ging auch um die Pferde, die Hajo schon zum Kauf angeboten hatte, weil er meinte, sie seien sein Eigentum. Um die hatte Evi sich schon viele Sorgen gemacht. Sie hatte sich seit Monaten um die Tiere gekümmert und hing an ihnen, besonders an Shaberas Sohn, den sie von seiner Geburt an versorgt hatte. Ein Kind hätte Evi wohl kaum sorgfältiger betreuen können als dieses Fohlen, das nun gerade zwei Jahre alt war.

Das Auto hatte mir keine schlaflosen Nächte bereitet; ich hatte nicht im Traum daran gedacht, dass es damit Schwierigkeiten geben würde, weil Hajo doch wusste, dass ich daran beteiligt war. Nie hätte ich erwartet, er könne es mir streitig machen wollen. Aber durch Elkes Testament war die Sache schnell geklärt.

Einige Tage später kündigte Hajo mir die Wohnung. Die Losung, die ich an diesem Morgen gelesen hatte, stärkte mir den Rücken und machte Mut: »Gott erhöht die Niedrigen und hilft den Betrübten empor.« (Hiob 5,11)

Herr, ich verlasse mich auf dich!, sagte ich still. Vieles ging mir durch den Kopf. Was soll aus Lone werden, wenn ich hier ausziehen muss? Soll ich darauf bestehen, dass wenigstens die einjährige Kündigungszeit eingehalten wird, die ich beanspruchen kann? Dann könnte ich hierbleiben, solange Lone noch lebt.

Der Vertrag über das lebenslängliche Wohnrecht war allerdings spurlos aus meinem Dokumentenkoffer verschwunden, sogar der Mietvertrag, in dem auf diese Abmachung hingewiesen wurde, war nicht mehr aufzufinden. Das würde permanenten Streit und Ärger mit Hajo bedeuten, dem ich nicht gewachsen wäre, jedenfalls nicht ein ganzes Jahr lang.

Es war nicht ganz einfach, Hajo dazu zu bewegen, dass er Lone mit mir ziehen ließ, aber Gott half wieder, wie ich es so oft erlebt hatte, »den Betrübten empor«. So lenkte Hajo schließlich ein und fragte: »Will Lone denn mit dir gehen?«

»Du kannst sie ja fragen.«

Er fragte sie nicht. Er wusste genau, dass sie mit mir gehen würde, wenn sie selbst entscheiden durfte.

Um nicht abwarten zu müssen, bis ich selbst etwas gefunden hatte, bot er mir in seinen Häusern in Lüchow zwei Wohnungen an. Eine davon war noch nicht ganz fertig. Beim weiteren Ausbau wollte er sich ganz nach meinen Wünschen richten. Die andere lag etwas außerhalb der Stadt, war zwar noch bewohnt, würde aber bald frei werden.

Da Lone bei mir blieb, war die zweite Wohnung günstiger, denn von dort war es nicht weit bis zu der Schule, in die sie nach den Sommerferien gehen würde. Auch unser Dorf war schnell zu erreichen, wenn sie ihre Freundinnen treffen wollte.

Lone und ich einigten uns auf die zweite Wohnung, die außerdem nicht zwischen Häusern eingezwängt war, sondern einen weiten, freien Blick ins Grüne bot.

Ganz in der Nähe gab es ein sehr interessantes Biotop. Die nächste belebte Straße war fast einen Kilometer entfernt. Eine schmale Straße, die an dem Haus vorbeiführte, war nur für Anlieger zugelassen, und daneben verlief ein Fahrradweg, den hauptsächlich Schüler benutzten.

Die Treppe war das einzige Problem für mich, denn sie war so steil wie eine Hühnerleiter. Aber in diesem Punkt kam Hajo mir entgegen: Er wollte nachträglich eine weniger steile einbauen lassen.

Hajo schien richtig erleichtert zu sein, dass ich mit dem Umzug einverstanden war, und ich konnte aufatmen, weil ich mich nicht mehr gleichzeitig um Lones Zukunft sorgen und mich ständig mit Hajo auseinander setzen musste. Gott kümmerte sich wirklich um uns.

Dankbar war ich auch, dass ich keine finanziellen Schwierigkeiten hatte und Lone mitversorgen konnte, denn von ihrem Vater erwartete ich keine große Unterstützung. Er hatte mich zynisch gefragt, ob ich etwa mit Lone ein Geschäft machen wolle. Für ihren Unterhalt wolle er mir etwas geben, vierhundert Mark seien ja sicher reichlich. Aber das war für mich unwichtig, solange keine Sonderausgaben erforderlich waren.

Wir beide, Lone und ich, begannen schon, uns auf die neue Wohnung zu freuen und machten Pläne, wie wir uns dort einrichten wollten. Wenn ich es recht überlegte, würde alles um vieles angenehmer sein.

»Gott hilft den Betrübten empor.« Das durften wir wieder erleben.

Sag Ja zu Gottes Wegen!

»Deine Ratschlüsse von alters her sind treu und wahrhaftig.«
(Jesaja 25,1)

In der für uns vorgesehenen Wohnung musste der Fußboden noch mit einer Schallisolierung versehen werden, wodurch sich unser Umzug um einige Tage verzögerte. Mir machte das nichts aus, aber Hajo war so ungeduldig, dass er immer wieder drängte, ich solle doch schon packen. Er würde dann die fertigen Kartons mitnehmen, wenn er an dem Fußboden arbeitete. Wo er einen halbwegs vollen Karton sah, nahm er ihn unter meinen Händen weg. Es gab ein ziemlich großes Chaos. So viel Hektik hatte ich noch bei keinem Umzug erlebt.

Kaum standen unsere Betten am vorgesehenen Platz, fiel ich völlig erschöpft in meins, das dem Lones gegenüberstand, wie sie es gewünscht hatte.

Nur zu einem kurzen Dankgebet konnte ich mich noch aufraffen, dass wir das Schlimmste hinter uns hatten, dass sich niemand auf den verschiedenen Fahrten und beim Möbeltragen auf der steilen, gefährlichen Treppe verletzt hatte und alles noch ganz war. Ausgepumpt, wie ich war, und entnervt dachte ich: Ich möchte nicht noch einmal umziehen müssen, nicht mit Möbeln und Hausrat. Jetzt möchte ich nur noch zu dir, Herr, in die Wohnung, die ich bei dir haben soll. Lone schlief schon, bevor ich zu Ende gebetet hatte.

Stück für Stück richteten wir uns ein. Evi war mir eine große Hilfe. Sie fuhr oft in unser Dorf, wo sie aus Keller und Garten Zurückgelassenes holte, bis wir endlich alles in unserer neuen Wohnung hatten.

Jetzt brauchte ich mich nur noch um Lone zu kümmern,

konnte ihren meist spärlichen, manchmal auch ausgefallenen Appetit berücksichtigen. Gemeinsam machten wir Pläne für den Tagesablauf, richteten die Wohnung fertig ein und freuten uns, dass wir genügend Platz hatten. Es gefiel uns von Tag zu Tag besser.

Eine Woche später waren bereits die Ferien zu Ende. Lone freute sich auf die neue Schule. Fast alle ihre Klassenkameradinnen wechselten nun von der Grundschule auf die Hauptschule in Lüchow und gingen auch hier wieder in die gleiche Klasse.

Sie fand es toll, dass sie nicht, wie ihre Klassenkameraden in dem meist überfüllten Schulbus fahren musste, sondern in wenigen Minuten mit dem Fahrrad die Schule erreichen konnte.

Mit ihrer zukünftigen Klassenlehrerin hatte ich bereits gesprochen und sie über Lones Krankheit informiert. Auch in dieser Schule würde alles getan werden, damit niemand von ihrer Krankheit erfuhr, der es nicht schon wusste. Alle waren bemüht, das Kind zu integrieren und wie ein gesundes zu behandeln.

Dass sie nun verschiedene Lehrer hatte, war besonders interessant für Lone. Sie fand die Lehrer alle »toll«, nur mit ihrer Religionslehrerin kam sie nicht klar. Schon nach einer der ersten Stunden hatte sie Streit mit ihr, weil sie sich weigerte, die Hausaufgaben zu machen. »Babylonische Götzenbilder zeichne ich nicht, schon gar nicht im Religionsunterricht!«, erklärte sie sehr bestimmt und war auch nicht bereit, sich die Namen dieser Götzen einzuprägen.

Die Lehrerin war sehr ungehalten, ich sollte sie anrufen. In einem langen und einseitig geführten Gespräch beklagte sie sich über meine aufsässige, intolerante Enkelin, deren Glauben an einen Gott, wie er in der Bibel dargestellt wird, doch vollkommen verstaubt und überholt sei. Schließlich wüsste man längst, dass das alles Mythen und Legenden seien, die aufgeklärte Menschen mit normalem Verstand einfach nicht akzeptieren könnten.

Ich hatte Lone gar nicht zugetraut, dass sie sich mit einer Lehrerin anlegen würde, um ihren Glauben an Gott zu verteidigen. Nachdem ich nun die Einstellung der Lehrerin kannte, berieten Lone und ich, ob sie unter diesen Umständen überhaupt am Religionsunterricht teilnehmen wolle. Es schien sie jedoch herauszufordern, und sie wollte die Auseinandersetzung mit der Lehrerin fortführen.

Von der neuen Wohnung aus konnte ich alle Besorgungen gut mit dem Fahrrad erledigen. Beim Autofahren fühlte ich mich zunehmend unsicher, weil meine Reaktionsfähigkeit erheblich nachgelassen hatte. Hier sah ich mein christliches Verantwortungsbewusstsein nun tatsächlich herausgefordert; hier war es auch angebracht, dass ich mir Gedanken um die Sicherheit anderer machte.

Dennoch stellte sich heraus, dass ich mit dem Verkauf des Autos etwas zu voreilig gewesen war. Gerade im Winter hätte ich es behalten sollen, um Lone damit in die Schule fahren zu können, wenn es morgens noch dunkel war und der kalte Wind sie leicht auskühlen ließ.

Ich bat Hajo, seine Tochter morgens zur Schule zu bringen. Das bedeutete keinen Umweg für ihn, er musste nur eine Viertelstunde früher losfahren, denn sein Büro öffnete um 8.00 Uhr, die Schule begann aber schon um 7.45 Uhr.

Das hätte ich mir vor dem Umzug überlegen sollen, schlug er meine Bitte ab. Allenfalls bei Schneesturm würde er eine Ausnahme machen. Und wenn es mal sehr stürmisch und kalt werden würde, müsste sie eben einen Tag zu Hause bleiben; das könnte ich schon verantworten.

Nach dieser Antwort war ich doppelt froh, dass Lone nicht bei ihm wohnte. Wenn es ihm schon zu lästig war, eine Viertelstunde früher aufzustehen, würde er sich auch nicht um sie kümmern, wenn sie in Zukunft mehr Hilfe nötig hätte.

Umso mehr betete ich, dass Gott mir die Kraft geben und solange erhalten sollte, wie Lone mich brauchte.

Sie war so geduldig, einsichtig und für alles dankbar. Wenn ich ihr nur eine Wärmflasche für ihre meist eiskalten Füße gab, meinte sie: »Wenn du mal krank bist, Oma, dann helfe ich dir aber auch; dann bringe ich dir auch eine Wärmflasche und was zu essen ans Bett.«

In den Herbstferien trafen wir ihre Ballettlehrerin, und da kam Lone auf den Gedanken, dass sie eigentlich wieder Ballettunterricht nehmen könnte. Als es Elke im vergangenen Jahr so schlecht gegangen war, hatte sie damit aufgehört. Oft fehlte es uns auch an Zeit, Lone ins Studio zu fahren und wieder abzuholen. Doch nun wohnten wir ja in der Stadt und sie konnte selbst mit dem Fahrrad dorthin fahren.

Tamara, ihre Lehrerin, war begeistert, dass Lone wieder kommen wollte. Aber würde ihre Chefin erlauben, dass ein aidskrankes Kind dort unterrichtet wurde? Es könnte für eine Privatschule unangenehme Auswirkungen haben; wenn überängstliche Eltern davon erführen, würden sie womöglich ihre Kinder nicht mehr kommen lassen.

»Wenn meine Chefin nicht möchte, dass du am Unterricht teilnimmst, dann gebe ich dir Privatunterricht bei mir zu Hause«, meinte Tamara. »Und samstags ist im Studio niemand, dann können wir auch dort hingehen. Ich freue mich schon auf dich.«

Noch bevor Tamara mit ihrer Chefin gesprochen hatte, begann sie, Lone in ihrer Wohnung zu unterrichten; und es dauerte auch gar nicht lange, bis die Chefin grünes Licht gab und sie wieder in ihre alte Gruppe aufnahm.

Noch vor Weihnachten sollte eine Aufführung stattfinden und da kam Lone gerade im rechten Moment. Sie war die begabteste der Schülerinnen und sollte in verschiedenen Gruppen mittanzen, immer da, wo andere Motivation brauchten. Auch ein Solo hatte Tamara für sie vorgesehen und studierte es mit ihr ein.

Lone war nicht nur zielstrebig, sondern auch sehr gewissenhaft, und ihre natürliche Anmut und Freundlichkeit machten sie auch bei den anderen Schülerinnen beliebt.

Für die Aufführung vor Weihnachten wurde sie allerdings sehr gefordert, weil sie fast alle Gruppentänze mit einstudieren musste, um, falls eine Tänzerin ausfiele, für diese einspringen zu können. So ging sie in den November- und Dezemberwochen beinahe jeden Tag für zwei bis drei Stunden ins Studio. Sie bemühte sich aber, Tamaras Begeisterung und Erwartung etwas zu dämpfen: »Das mache ich nur bis zur Aufführung. Dann komme ich nur noch einmal in der Woche.«

Schließlich war der große Tag da. Gemeinsam mit Hajo fuhren wir ins Studio. Obwohl wir früh genug dort ankamen, gab es kaum noch Plätze. Alle Familien wollten natürlich dabei sein. Außerdem trafen an diesem Tag alle Gruppen zusammen, die sonst in sechs verschiedene Klassen aufgeteilt waren.

Die Kleinsten, die vier- bis fünfjährigen, begannen mit einem Reigentanz und waren mit viel Spaß bei der Sache. In der dritten Gruppe musste Lone schon einspringen. Obwohl sie diesen Tanz nur wenig geprobt hatte, fiel sie dabei durch ihre Anmut und ihr Können auf. Während zwei weitere Gruppentänze aufgeführt wurden, kleidete Lone sich für ihr Solo um. Dann trat die zierliche, schmale Person in dem rosa Tutu hinter dem schweren, tiefroten Vorhang hervor. Sie wirkte ganz ruhig. Sicher war ich viel aufgeregter als Lone. Mit der einsetzenden Musik begann sie ihren Tanz.

Ein kleiner Fehler unterlief ihr, doch auch das brachte sie nicht aus der Ruhe. Dennoch drückte sie ihren Ärger darüber wohl etwas zu laut aus, denn die Zuschauer in den vordersten Reihen fingen an zu lachen, während Lone unbeirrt weitertanzte. Mit einer graziösen Verbeugung verabschiedete sie sich und war dann doch unsicher, ob sie eine weitere Verbeugung hätte machen sollen. Sie drehte noch einmal kurz um, bevor sie hinter dem Vorhang verschwand.

Hinter mir hörte ich begeisterte Stimmen: Die Kleine ist zur Ballerina geboren! Die kann das! Das war ja eine Glanzleistung!

Auch Tamara wurde später gefragt, woher die kleine Solotänzerin stamme und ob sie schon in einer anderen Schule gewesen sei.

Nun war Tamara überzeugt, dass Lone in die Ballettschule nach Hamburg gehen müsse. Am liebsten hätte sie sie gleich dort angemeldet. Als ich versuchte, ihr zu erklären, dass Lone den Anforderungen einer Ballettschule nicht gewachsen wäre, meinte Tamara, sie hätte in der letzten Zeit doch sechs Wochen lang fast täglich zwei bis drei Stunden geprobt. Viel mehr würde in dieser Schule auch nicht gefordert.

Tamara hatte nie miterlebt, wie Lone nach der Probe müde und zerschlagen zusammenfiel, kaum noch fähig, sich auszuziehen. Sie hatte mit ihrem starken Willen wirklich das Letzte aus sich herausgeholt. Nur nichts anmerken lassen, wenn es mir schlecht geht!, lautete ihre Devise. Dennoch konnte sie mir natürlich nichts vormachen.

Aber nun waren erst einmal Ferien, auch in der Ballettschule.

Bei Roland, der inzwischen auch Vater einer kleinen Tochter war, feierten wir den Heiligen Abend. An den Weihnachtstagen und über Silvester war Lone bei Verwandten und Freunden im Dorf zu Besuch. Sie war begeistert. Und ich freute mich nicht nur darüber, dass sie mit ihren alten Freunden so lange zusammen sein konnte, sondern war insgeheim auch froh über den ruhigen Jahresausklang, der so möglich wurde. Da konnte ich ungestört Rückblick halten und mein »Danke-Tagebuch«, das ich seit Monaten sehr vernachlässigt hatte, auf den neusten Stand bringen.

Es war ein schweres Jahr für uns alle gewesen, aber gerade in den schlimmsten Augenblicken hatte ich die Nähe Gottes besonders deutlich empfunden. Nein, ich hätte dieses Jahr nicht noch einmal durchleben wollen, aber ich wollte es auch nicht aus meinem Leben, meiner Erinnerung, streichen. Die Erfahrungen, die ich gemacht hatte, halfen mir reifen und stark werden für etwas, was mich in der Zukunft erwarten mochte. Es war trotz aller Not und allem Schmerz doch ein gesegnetes Jahr.

Es war einiges zusammengekommen. Die herbe Enttäuschung, die ich durch die Hauskreisteilnehmer erfuhr, hatte zu den traurigsten Erlebnissen des vergangenen Jahres gehört. Und ausgerechnet die Freunde aus dem Hauskreis, die von der Krankheit gewusst hatten und trotzdem zu uns hielten, wie Tobias und Beate, waren im Sommer weggezogen, so dass auch sie mir keine Unterstützung mehr geben konnten. Ihr neues Zuhause war so weit entfernt, dass ich sie noch nicht einmal dann und wann besuchen konnte, um ein offenes Ohr zu finden für meine Sorgen oder um ihre erfrischende Lebendigkeit zu genießen.

Doch gerade, weil ich nun niemanden hatte, lernte ich mich auf Gott zu konzentrieren und ihm mehr zu vertrauen, so wie im Propheten Jesaja zu lesen ist: »Siehe, um Trost war mir sehr bange, aber du hast dich meiner Seele herzlich angenommen.« (Jes. 38,17)

Gegen die Bitterkeit, die ich manchmal fühlte, konnte ich nur beten. Und im Gebet holte ich mir auch die Kraft, mit Lone weiterzugehen, auch ohne Unterstützung und Hilfe von Freunden.

Auch durch die Losung, die ich zu diesem Jahresanfang gezogen hatte, half Gott mir: »Das ist ein köstlich Ding, dass das Herz fest werde.« (Hebr. 13,9)

Wie viel Liebe wollte Gott mir damit zeigen!

»Herr, das kannst und willst du mir schenken, und das werde ich auch wohl sehr bald brauchen: ein festes Herz! Wer weiß, was in diesem Jahr auf uns zukommen wird, aber von dir unterstützt, werde ich es annehmen können«, betete ich.

Ende Januar sollte Lone wieder zur Untersuchung nach Hannover kommen. Ihre Werte waren recht gut. Sie hatte ein Kilo zugenommen, und wenn sie noch ein weiteres zunähme, könnte sie mit der Klasse sogar zum Schwimmen gehen, hatte die Ärztin gemeint.

Die Globulin-Infusionen bekam sie seit einigen Monaten von unserem Hausarzt. Dazu brauchte sie also nicht mehr nach Hannover zu fahren.

Kurz vor ihrem elften Geburtstag fing Lone an, Erinnerungen an ihre Mutter zu sammeln. Von mir wünschte sie sich einen Bilderrahmen mit allen Fotos, die ich von Elke auftreiben konnte. Leider waren das nicht sehr viele, weil Elke sich nicht gern fotografieren ließ.

Als ich einen Mantel von Elke einer Bekannten geben wollte, protestierte Lone heftig. Den sollte ich für sie aufheben. Wenn ihr der dann passte, wollte sie ihn tragen.

Sehr aufgebracht erzählte Lone mir, dass ihr Vater Elkes Schmuck seiner Freundin gegeben habe. Lone wollte ihn zurückfordern, aber Hajo vertröstete sie nur. Carmen trug Elkes Ketten und Ringe auch, wenn Lone zu Besuch war. Darüber war sie zugleich zornig und traurig, denn sie hatte auch als Zehnjährige schon verstanden, wie sehr ihre Mutter von Carmens Rücksichtslosigkeit verletzt worden war.

Ich riet ihr, Hajo in Gegenwart von Carmen nach dem Schmuck zu fragen, aber das wollte sie nicht.

»Du bist doch sonst immer so geradeheraus und sagst, was du denkst. Warum willst du denn nicht in Carmens Gegenwart deinem Vater sagen, dass du den Schmuck deiner Mutter haben möchtest?«, fragte ich sie.

Aber Lone wollte es nicht und ich wusste nicht, wie ich ihr helfen konnte. Carmen hatte ich nur einmal von weitem gesehen und noch nie gesprochen. Und Hajo darauf anzusprechen, wenn er am Samstagmittag kam, um Lone für das Wochenende abzuholen, wäre zwecklos gewesen. Er hätte auch mich vertröstet.

Außer ihrer Ballettbegabung hatte Lone noch eine andere Begabung an sich entdeckt, die ihr gerade dann zugute kam, wenn es ihr nicht so gut ging, wenn sie nicht mit Freundinnen spielen und toben konnte oder wenn das Wetter zu schlecht war, um draußen zu sein: Sie konnte gut zeichnen und hatte einen Blick für charakteristische Merkmale von Tieren und Pflanzen, die sie auch geschickt hervorzuheben verstand. Da sie zudem noch eine rege Fantasie besaß, begann sie schließlich, eine Comic-Geschichte zu zeichnen.

Stundenlang arbeitete sie daran. Auf dem Fußboden liegend füllte sie Blatt für Blatt. Sie erzählte eine Pferdegeschichte, in der ein behindertes Mädchen im Rollstuhl die Hauptrolle spielte. Die fertigen Blätter steckte sie in Prospekthüllen und heftete sie in einen Ordner.

Ich hatte sie manchmal, wenn sie mir ihre Blätter zeigte, auf Rechtschreibfehler aufmerksam gemacht. Das war ein großer Fehler, denn nun durfte ich nicht mehr sehen, was sie gemalt und geschrieben hatte. Nur ganz selten zeigte sie es mir – mit dem Hinweis, ich solle die Fehler übersehen.

Die deutsche Rechtschreibung war nicht unbedingt eine ihrer Stärken und es machte ihr gar nichts aus, wenn ihre Schulaufsätze viel Rot enthielten. Dagegen sah ihr Biologieheft ganz hervorragend aus. Damit gab sie sich sehr viel Mühe, zeichnete Tiere und Pflanzen und schmückte es zusätzlich mit getrockneten Blättern und Blüten. In diesem Fall achtete sie sogar auch auf die Rechtschreibung.

Ihr Vater hatte vor den Sommerferien eine Spende von der Aidshilfe bekommen, die er nutzte, um mit seiner neuen Familie und Lone Ferien in Südfrankreich zu machen. Um meinem Protest zuvorzukommen, schlug er mir vor, in den Herbstferien auch auf Kosten der Aidshilfe mit Lone in Urlaub zu fahren. Ich sollte schon eine Pension oder ein Ferienhaus buchen.

Darauf wollte ich mich allerdings nicht einlassen. Wenn ich ein Ferienhaus auf meinen Namen buchte, müsste ich es auch bezahlen, und das konnte ich mir finanziell jetzt nicht leisten.

Aber die zwei Wochen, in denen Lone in Urlaub war, waren auch angenehm für mich. Ich konnte so richtig ausspannen; dazu hatte ich schon lange keine Zeit mehr gehabt.

Bei ihrer Rückkehr stürmte Lone auf mich zu, umarmte mich und wollte gar nicht mehr loslassen. Es habe ihr zwar gut gefallen, aber sie habe auch Heimweh gehabt, erzählte sie. Deshalb müsste ich im nächsten Urlaub auf jeden Fall mitfahren, sonst wollte sie auch nicht mehr weg.

»Ich hab' mir Sorgen um dich gemacht«, erklärte sie mir.

»Aber warum denn, Lone? Wenn du hier bist, könnte mir doch auch was passieren und du kannst es nicht unbedingt verhindern.«

»Aber dann krieg' ich es ja mit, wenn du krank bist oder so. Ich kann dann einen Arzt oder Evi anrufen, dass sie dir helfen!«

Es tat mir gut, dass sich jemand so viele Gedanken um mich machte, aber ich war gleichzeitig unsicher, ob Lone nicht zu sehr auf mich fixiert war. Was sollte werden, wenn ich wirklich einmal krank würde und mich nicht um sie kümmern könnte? Und überhaupt: War es gut für sie, nur immer mit ihrer alten Großmutter zusammen zu sein?

Bald nach den Ferien bereitete Hajo mir wieder eine seiner Überraschungen: Er hatte das Haus, in dem wir wohnten, zum Kauf ausgeschrieben.

Also kamen neue Sorgen auf mich zu. Wer würde es kaufen? Müsste ich mit Lone noch einmal umziehen? Ich hatte so sehr gehofft, dass mir ein weiterer Umzug erspart bliebe.

Aber hatte ich nicht heute Morgen noch in der Bibel gelesen: »Wer unter dem Schirm des Höchsten sitzt und unter dem Schatten des Allmächtigen bleibt, der spricht zu dem Herrn: Meine Zuversicht und meine Burg, mein Gott, auf den ich hoffe« (Psalm 91,1)?

Nein, ich durfte jetzt nicht schon wieder anfangen, mich zu sorgen. Wenn wir wirklich noch einmal umziehen müssen, dann ist es dein Wille, mein Gott, und dann bist du ja auch bei uns. Aber auch wenn ich weiß, dass du mit uns gehst, möchte ich nicht noch einmal umziehen. Nicht weil ich an dieser Wohnung hänge, nein, weil ich mich einfach vor all dem Chaos und dem Stress fürchte, die ein Umzug mit sich bringt.

Mehrere Kaufinteressenten sahen sich das Haus an, aber erst dem dritten gefiel es so gut, dass er sich zum Kauf entschloss. Er teilte mir auch gleich zur Beruhigung mit, dass wir weiterhin darin wohnen könnten. Ich atmete erleichtert auf.

Nach den Herbstferien war für Lones Klasse eine Fahrt nach Fehmarn geplant. Lone durfte mitfahren, obwohl es ziemlich viel zu berücksichtigen galt. Ihre Lehrerin war bereit, das in Kauf zu nehmen, damit sie dabei sein konnte.

Ich war begeistert, dass alle so entgegenkommend waren. Lone freute sich riesig. Sie würden eine Woche lang fort sein, in einer Jugendherberge übernachten und sehr viel unternehmen – eine tolle Sache.

Doch mir kamen wieder Bedenken: Sie hustete sehr viel in der letzten Zeit. Vielleicht würde der Husten aber auch günstig beeinflusst durch die Luftveränderung? Ich hoffte es jedenfalls.

Doch leider wurde es immer schlimmer. Als auch noch hohes Fieber dazu kam und wir zum Arzt gehen mussten, stellte er eine Lungenentzündung fest. Lone bekam Medikamente, außerdem ließ ich sie mehrmals inhalieren und gab ihr Kräutertees, die zusätzlich gegen den Husten wirken sollten. Doch erst als die Medikamente vollständig aufgebraucht waren, wurde es besser.

Immer häufiger hatte Lone nun geschwollene Drüsen und Fieber, war matt und lustlos und bekam oft einen lästigen, juckenden Hautausschlag. Es war nicht mehr zu übersehen, dass sich ihr gesundheitlicher Zustand verschlechterte. Oder war doch nur die kalte Witterung schuld?

Morgens beim Anziehen brauchte sie einen Heizlüfter, den sie auf die höchste Stufe einstellte, während sie dicht davor saß.

Ich dagegen fand es angenehm warm in der Wohnung. Hoffentlich würde es ihr im Frühling wieder besser gehen!

Der nächste Termin in Hannover war von Dezember auf Januar verschoben worden. Der Kinderarzt in der Ambulanz der Klinik war leider nicht sehr mitteilsam, doch wenn er Lones Zustand als kritisch beurteilt hätte, dann wäre der Termin sicher nicht hinausgeschoben worden – so überlegte ich und machte mir damit Hoffnung. Oder sah es der Arzt als selbstverständlich und unabwendbar an, wenn sich Lones Zustand nun rapide verschlechterte? Meinte er, dass man ohnehin nichts mehr dagegen tun konnte? Sollten wir resignieren?

Solche Fragen beunruhigten mich sehr, und ich wusste nicht, mit wem ich darüber hätte sprechen können. Wovon wurden die vielen Beschwerden verursacht? Mussten wir tatenlos zusehen, wie es ihr schlechter und schlechter ging?

Jetzt brauchte ich wirklich ein festes Herz.

Den zwölften Geburtstag konnte Lone gleich zweimal feiern. Hajo gab für sie eine Party. Aber weil von unserer Familie niemand dort hingehen wollte, plante sie, noch einmal mit Evi, Roland und dessen Familie, Hilde und mir bei uns zu feiern.

Doch vorher mussten wir wieder zur großen Untersuchung nach Hannover fahren. Um 8.00 Uhr morgens sollte sie da sein, weil das Labor die Blutproben bis 9.00 Uhr brauchte. Das war ein anstrengender Tag. Wir mussten schon vor 6.00 Uhr zu Hause wegfahren und kamen erst am späten Nachmittag zurück.

Auch die Untersuchungen selbst waren belastend. Ultraschall, Röntgen, EKG und EEG waren von allen anstehenden Untersuchungen noch die angenehmsten. Sie brachten keine schmerzhaften Einstiche mit sich, und dabei musste Lone auch nicht so unbeweglich stillliegen wie bei der Computertomografie.

Umso mehr genoss sie die Rückfahrt mit Zwischenstopp bei McDonald's.

Die Ergebnisse würden wir erst in acht Wochen bei der nächsten Untersuchung erfahren. Das bedeutete eine lange Zeit der Vermutungen und Sorgen für uns beide, schwankend zwischen Angst und Hoffnung.

Von einem Erlebnis in der Sporthalle erzählte Lones Klassenlehrerin kurz vor dem Ende des Schuljahres, als ich sie schon in der Realschule angemeldet hatte. Beim Volleyballspiel war Lone ein Ball direkt gegen die Nase geprallt. Sie hatte stark geblutet und war einer Ohnmacht nahe.

Ihre Lehrerin hatte dieser Vorfall in große Entscheidungsschwierigkeiten gebracht. Sie konnte die Klasse nicht allein auf dem Sportplatz lassen, um Lone selbst nach Hause zu begleiten. Wer von den Mitschülern wusste aber von ihrer Krankheit? Konnte die Lehrerin es irgendeiner anderen Schülerin sagen, dass sie beim Umgang mit Lones blutender Nase sehr vorsichtig sein musste? Wenn sie nur gewusst hätte, dass Sabine und Diana über Lones Krankheit informiert waren! Oder wenn ich ihr gesagt hätte, wie verantwortungsbewusst Lone selbst war und dass sie darauf achtete, niemanden durch ihr Blut zu gefährden. Dann hätte diese Situation der Lehrerin nicht so viel Schwierigkeiten bereitet. Schließlich ließ sie Lone allein nach Hause gehen, um niemanden von den Mitschülern in Gefahr zu bringen und auch niemandem sagen zu müssen: Sei vorsichtig, Lone hat Aids.

Auch diese Situation zeigte, wie gut es wäre, wenn die Furcht vor dieser Krankheit abgebaut werden könnte. Wenn man aidskranke Kinder genau so behandeln würde, als hätten sie eine andere Krankheit wie Leukämie oder Mukoviszidose. Es wäre für alle viel einfacher.

Während der Sommerferien konnte Lone eine Weile bei Evi bleiben. Deren Nachbarn hatten Besuch von einem Mädchen, das etwa in Lones Alter war. Die beiden verstanden sich so gut, dass sie sich auch in den nächsten Ferien wieder treffen wollten.

Nach den Sommerferien stand ein Schulwechsel an: von der Orientierungsstufe der Hauptschule in die Realschule. Lones Freundinnen, mit denen sie schon seit der Einschulung zusammen war, gingen auch alle in die Realschule und konnten in einer Klasse zusammenbleiben.

Das fand Lone toll, denn diese Freundinnen wussten um ihre Krankheit und hatten sie längst akzeptiert. Wenn sie aber mit anderen Kindern zusammengekommen wäre, hätte das wieder neue Unsicherheit bedeutet.

Auch hier hatte ich die Lehrer schon bei der Anmeldung informiert. Ich war wieder dankbar, wie entgegenkommend auch in dieser Schule alle waren.

Wenige Wochen nach Schulbeginn häuften sich Lones Beschwerden so sehr, dass sie oft zu Hause bleiben musste. Dann halfen die Lehrer ihr bereitwillig, das Versäumte nachzulernen. Sie war bei allen so beliebt, dass einige ihrer Klassenkameraden schon den Verdacht äußerten, Lone habe besondere Privilegien. Wenn sie fehlte, habe sie einfach nur keine Lust auf Unterricht. Sie ließ sich ja auch kaum etwas anmerken, wenn es ihr nicht gut ging. Mit ihrer Energie konnte sie für einige Zeit alle gesundheitlichen Probleme überspielen, so dass man wirklich manchmal vergessen konnte, dass sie eigentlich sehr krank war.

Sogar Evi meinte, ich sähe wohl manchmal Lones Zustand zu kritisch und würde dadurch Lone negativ beeinflussen.

Vielleicht hatte sie ja Recht? Ich selbst war früher nie sehr unternehmungslustig und aktiv gewesen und hatte mich lieber mit Büchern und klassischer Musik beschäftigt. Ich bot Lone also wenig Ansporn. Sicher würde es ihr gut tun, wenn sie in den Herbstferien bei Evi sein könnte. Das hielt auch Lone für eine gute Idee.

Zu ihrem Vater ging sie überhaupt nicht mehr, nachdem sie mit Carmen Streit gehabt hatte.

Lone machte also bei Evi Ferien, doch Evi brachte sie schon

sehr bald zurück. Sie hatte nun auch festgestellt, dass es dem Kind nicht mehr gut ging. Wenn sie nur am Wochenende dort gewesen war, hatte sie ihre Schwäche und ihre Beschwerden überspielen können, aber über längere Zeit hinweg gelang es ihr nicht.

Sehr besorgt und betroffen entschuldigte Evi sich bei mir. Wie wunderbar hätten wir beide es jetzt gefunden, wenn sie Recht gehabt hätte! Aber wir mussten uns wohl damit abfinden, dass die Krankheit nun voll ausgebrochen war. Ich konnte nur Gott bitten, Mitleid mit ihr zu haben und sie nicht zu lange leiden zu lassen. Auch darum, dass ich sie loslassen und Ja sagen würde, wenn der endgültige Abschied kam, bat ich ihn.

»Herr, ein festes Herz willst du mir schenken, das brauche ich jetzt dringend!«, betete ich.

Der Himmel umwölkt sich

»Uns ist bange, aber wir verzagen nicht.« (2. Korinther 4,8)

Bei allen Schwierigkeiten, die uns belasteten, spürten wir doch immer wieder, dass Gott uns nicht verlassen hatte. Gerade dann, wenn ich manchmal meinte, es nicht durchstehen zu können, kam irgendwoher Hilfe und Entlastung.

Die Fahrten nach Hannover wurden für Lone immer mehr zur Strapaze, und sie brauchte mindestens einen Tag, um sich davon zu erholen. Auch der Arzt, der sie jetzt behandelte, war ihr nicht sympathisch. Sie ließ sich von ihm nur ungern Blut abnehmen und um einen Abstrich zu machen, musste eine bestimmte Schwester kommen, sonst machte Lone den Mund nicht auf. Weder gutes Zureden noch Strenge stimmten sie um.

Bei einer Untersuchung nach den Ferien stellte sich uns dann eine junge Ärztin vor, Frau Dr. Bergmann, die in Zukunft Lones Behandlung übernehmen wollte. Sie hatte sich schon eingehend mit ihrer Krankengeschichte befasst und besprach mit uns die Maßnahmen, die sie für die nächste Zeit geplant hatte. Sie bezog uns mit ein und handelte nicht über unseren Kopf hinweg. Sie erklärte uns alles, was wir nicht wussten oder nicht verstanden, und ließ Lone schon nach zwei Wochen wieder zur großen Untersuchung kommen.

So gewissenhaft war Lone bisher noch von keinem Arzt behandelt worden. Es tat mir gut, das zu sehen. Bei dieser Frau war sie wirklich in den besten Händen. Bei der unangenehmen Blutentnahme war sie sehr rücksichtsvoll und entschuldige sich bei dem Kind, wenn es einmal nicht gleich klappte. Deshalb hatte auch Lone Vertrauen zu ihr und ließ sie sogar den unvermeidlichen Rachenabstrich machen, ohne dagegen zu protestieren.

Sie begleitete Lone zum Röntgen, zum Ultraschall, zum Augenarzt, zur Computertomografie und allen Spezialuntersuchungen, beobachtete dabei alles sehr genau und nahm sofort dazu Stellung.

Auch mit unserem Hausarzt setzte sie sich in Verbindung. Ab sofort bekam er von ihr die Befunde mitgeteilt. Bisher hatte er nie einen Bericht der Medizinischen Hochschule bekommen und nur das erfahren, was wir ihm sagten, und das war wenig genug.

Manchmal rief Frau Dr. Bergmann ihn auch an, um weitere Behandlungen mit ihm abzusprechen. Sie gab uns sogar ihre Privatnummer, damit wir sie im Notfall, wenn sie in der Klinik nicht erreichbar war, auch zu Hause anrufen konnten. Das war sehr beruhigend und eine große Erleichterung für mich.

Weil ich nun wusste, wie sehr sie an Lone interessiert war, schrieb ich täglich auf, was wichtig sein konnte: Temperatur, Husten, Hautveränderungen – kurz alles, was ich beobachtete, auch was und wie viel sie aß und trank. Sie nahm diese Berichte gern entgegen und stimmte die Behandlung und die Medikamente auch daraufhin ab.

Sogar mich bezog sie in ihre ärztliche Betreuung ein, indem sie zu Lones nächstem Termin eine Seelsorgerin bestellte, mit der ich über meine täglichen Sorgen und über meine Angst um Lone reden konnte.

Es tat so gut, jemanden zu haben, der zuhörte! Die wenigen Freunde, die mir geblieben waren, hatten mit sich und ihren eigenen Problemen so viel zu tun, dass ich meine gar nicht auszusprechen wagte. Nach jedem zweiten Wort unterbrachen sie mich, um mir von sich und ihren Erlebnissen zu erzählen. Aber jetzt hatte ich jemanden, der mir zuhörte und dabei nicht versuchte, die Dinge zu verharmlosen. Außerdem kannte diese Seelsorgerin sich auch mit der Behandlung in der Klinik aus und konnte mir viele Dinge in Ruhe erklären.

Das alles verdankten wir dieser Ärztin, die wir als ein Geschenk Gottes ansahen.

Auch das stundenlange Warten hatte ein Ende. Sobald wir in der Anmeldung auftauchten, wurde Frau Dr. Bergmann benachrichtigt, die wenige Minuten später für Lone da war. Die Schwestern hatten dann bereits alles vorbereitet, um zu assistieren. Nur beim Augenarzt ging es selten ohne lange Wartezeit ab.

In der Anmeldung, auf den verschiedenen Stationen der Ambulanz, überall, wohin wir kamen, war Lone beliebt und wurde mit einem vergnügten »Hallo, Lone!« begrüßt.

Nun fuhr sie wieder gern nach Hannover. Aber das hatte auch einen zweiten Grund: Nur auf den Fahrten zur Klinik und nach Hause hatte sie ihren Vater für sich, ohne Carmen und deren Kinder.

Sie mochte ihren Papa, obwohl sie seine Fehler und Schwächen kannte, und sie litt darunter, so wenig Kontakt zu ihm zu haben. Mehrmals rief sie ihn an, aber meist war die Leitung besetzt, und wenn sie einmal durchkam, war Carmen am Telefon und fertigte sie kurz ab: »Dein Vater ist nicht da!«

Ich hatte keine Ahnung, was zwischen Carmen und Lone vorgefallen war. Auf meine Frage hin sagte sie mir bedrückt, dass sie Hajo versprechen musste, mir nichts davon zu erzählen.

Ob er wohl ahnte, was er ihr zumutete, wenn sie über ihre Probleme nicht einmal mit dem Menschen reden durfte, der ihr am vertrautesten war? Aber sie hielt ihr Wort, das sie ihm gegeben hatte.

Was war der Grund, dass er auch nicht mehr zu uns kam? Hatte Lone doch noch einmal von Elkes Schmuck gesprochen? Oder hatte Carmen etwas Abwertendes über Elke geäußert? Was immer auch geschehen war, nach meiner Meinung gab es nichts, das es gerechtfertigt hätte, seine kranke Tochter nicht mehr zu besuchen. Sie hätte sich so sehr gefreut. Sie wäre schon glücklich gewesen, wenn er nur einmal gesagt hätte: »Komm, wir unternehmen etwas, wir beide allein, ohne Carmen und die Kinder.«

Im Sommer versuchte ich noch einmal, mit den früheren Hauskreisfreunden Verbindung aufzunehmen, nachdem ich viel über Vergebung nachgedacht hatte. Dabei war mir bewusst geworden, dass ich wohl doch zu viel Verständnis von ihnen erwartet hatte, dass ich auch ihre Sorgen und Befürchtungen hätte berücksichtigen müssen. Deshalb schrieb ich an sie einzeln, an jeden von ihnen, wenn auch mit fast den gleichen Worten, und bat sie um Vergebung, dass ich ihnen zu viel zugemutet und nicht versucht hatte, mich in sie hineinzuversetzen.
Lange hörte ich überhaupt nichts, von keinem der Angeschriebenen. Erst in der Adventszeit rief Marianne an und bestätigte, dass sie meinen Brief bekommen hatte. Doch ihren Worten entnahm ich, dass sie wohl meinte, ich wollte wieder in den Hauskreis kommen und hätte aus diesem Grund um Vergebung gebeten. Das war aber gar nicht mein Ziel. Ich hatte ja jetzt gar keine Zeit mehr, mich regelmäßig mit ihnen zu treffen. Ich wollte nur alles zwischen uns bereinigen, weil mir klar geworden war, dass ich aktiv die Versöhnung suchen sollte, wenn ich den Eindruck hatte, dass andere etwas gegen mich hatten.
Eigentlich hätten sie gar nichts gegen mich, sagte Marianne am Telefon. Ich dürfe auch wieder kommen, wenn ich mich von Lone getrennt und danach einen Aidstest gemacht hätte. Ich könnte Lone ja auch in ein Heim geben, wo sie mit anderen aidskranken Kindern gut aufgehoben wäre.
Ich glaubte zuerst, sie missverstanden zu haben, weil ich mir nicht vorstellen konnte, dass sie es überhaupt für möglich hielt, ich würde meine kranke Enkelin in ein Heim geben. Doch auf meine erstaunte, etwas unsichere Rückfrage erfuhr ich, dass sie es genau so gemeint hatte. Sie fügte noch hinzu, dass der

Gesetzgeber eigentlich dafür sorgen müsste, solche Kinder zu isolieren und von gesunden fern zu halten.

Ein riesengroßer Graben tat sich augenblicklich zwischen uns auf. Mein Versuch war gescheitert und ich wollte auch keinen weiteren mehr unternehmen. Schon vor einiger Zeit hatte eine Frau mir einmal ausgerichtet, Marianne wolle mich aufsuchen, um mit mir über alles zu sprechen. Ich war sofort einverstanden gewesen, aber Marianne war nie gekommen.

Waren ihnen Vorwürfe gemacht worden, weil sie mich aus ihrem Kreis ausgeschlossen hatten? Hatte Marianne die Gesprächsbereitschaft nur vorgetäuscht, weil sie annahm, ich würde nicht darauf eingehen? Sollte es so aussehen, als wolle ich nichts mehr mit ihnen zu tun haben? Womöglich waren sie von dieser Version sogar selbst überzeugt.

Inzwischen ließen Lones Kräfte immer deutlicher nach. Wenn wir beide in der Stadt waren oder wenn ich sie nach der Schule abholte, bemerkte ich, wie schwer es ihr fiel, mit dem Fahrrad die geringe Steigung zu bewältigen. Sie meinte dann immer, es läge am Fahrrad. Darum kaufte ich ihr ein neues mit Gangschaltung. Aber das war nur eine ganz geringe Hilfe. Bald nutzte auch das nichts mehr.

Häufig fehlte Lone in der Schule und war dann sehr allein. Ihre Freundinnen kamen nicht, weil sie annahmen, sie könnte nicht mit ihnen spielen.

Viele Stunden saß sie dann in warme Decken eingehüllt vor dem Fernseher. Das war für mich fast anstrengender als alle anderen Aufgaben, die ich zu bewältigen hatte. Deshalb kaufte ich ein zweites Gerät, das ich in ihr Zimmer stellte. Damit war uns beiden geholfen: Sie konnte im Bett bleiben, brauchte nicht auf der unbequemen Couch zu liegen, und ich hatte wenigstens im Wohnzimmer ab und zu die Ruhe, die ich dringend benötigte.

Ihr Bett hatte ich schon vor längerer Zeit in ihr eigenes Zimmer gestellt. Unser gemeinsames Schlafzimmer war für Krankenpflegeeinrichtungen zu eng. Außerdem konnte Lone nun ihre Lieblingskassetten hören, sooft sie wollte, ohne mich damit zu stören, wenn ich vor dem Einschlafen noch lesen wollte.

Gegen Ende des Jahres hatte Lone ständig hohes Fieber. Ihr Husten, der hauptsächlich nachts zwischen 1.00 und 3.00 Uhr begann, hielt meist zwei Stunden an und war hart und quälend. Wenn sie am Tage hustete, erbrach sie oft weißen Schleim und musste immer einen Spucknapf in greifbarer Nähe haben.

Frau Dr. Bergmann ordnete Massagen und Atemgymnastik an, aber die konnte sie oft nicht wahrnehmen, weil der Weg zu weit und anstrengend war.

Anfang Dezember stieg das Fieber auf beinahe 40 Grad an, und weder Wadenwickel noch Zäpfchen brachten Besserung. Apathisch, mit glühendem Gesicht und fiebrig glänzenden Augen lag Lone im Bett, und wenn sie überhaupt etwas sprach, dann bedauerte sie mich, weil ich so viel Arbeit mit ihr hatte. Ich beklagte mich nie, dass es mir zu viel wäre, aber ich litt sehr darunter, dass ich ihr nicht mehr und wirksamer helfen konnte, und das spürte sie.

Während ich die Wadenwickel alle paar Minuten erneuerte, sah sie auf das Regal am Fußende ihres Bettes, auf dem ihre vielen Stofftiere saßen, und dann blickte sie mich Hilfe suchend, ängstlich an und sagte: »Da oben ist der Nikolaus. Den mag ich nicht, der soll da weggehen!«

Offenbar ging der Nikolaus nicht weg, darum drehte sie ihren Kopf zur Seite. Wenig später sah sie wieder zu der Stelle hin, und über ihr Gesicht glitt ein erleichtertes Lächeln, als sie mir sagte: »Der Nikolaus ist weg. Jetzt sind da Engel, die sind ganz freundlich und lächeln mir zu. Auch ein Mann ist da, der sieht so lieb aus, der sieht aus wie Jesus.«

Ich folgte ihrem Blick, doch sie schüttelte den Kopf: »Du kannst die nicht sehen, die sind nur für mich da. Ich hab' auch gebetet, dass Gott mir Engel schicken soll, die gegen die Viren kämpfen. Vielleicht besiegen sie sie ja!«

Endlich glühte ihr Körper nicht mehr so sehr. Die Wadenwickel brauchten nicht mehr so oft erneuert zu werden, und Lone legte sich erschöpft zurück und wollte schlafen. Dann aber wurde sie unruhig und sah mich mit Tränen in den Augen an. Auf meine Frage, was ihr Sorgen mache, sagte sie: »Omi, ich weiß, dass ich bald sterben muss. Alle Menschen müssen sterben, früher oder später, das ist nun mal so. Aber ich hab' Angst, dass ich in die Hölle komme.«

Zutiefst erschrocken nahm ich sie in die Arme: »Warum solltest du denn in die Hölle kommen, mein Schatz? Wie kommst du bloß darauf?«

»Wenn andere über jemanden lästern, dann mach' ich auch mit. Ich weiß, dass das nicht in Ordnung ist, aber ich mach's doch immer wieder.«

»Du weißt doch, dass Jesus dir das vergibt, wenn du ihn darum bittest.«

»Ja, schon! Aber ich mach's doch immer wieder.«

»Und es tut dir doch auch immer wieder leid?«

Sie nickte mit Tränen in den Augen.

»Dann kannst du sicher sein, dass Jesus es dir immer wieder vergibt. Er sieht doch dein Herz! Wer an Jesus glaubt, kommt nicht in die Hölle. Er ist für uns gestorben. Für alles, was wir Böses tun, sagen oder auch nur denken, hat Jesus die Schuld auf sich genommen. Sonst müssten wir dafür sterben, dann kämen wir nicht in den Himmel. Aber Jesus hat sich für uns bestrafen lassen, damit wir bei ihm im Himmel sein können. Das ist ungefähr so, als wenn Eltern den Schaden bezahlen, den ihre Kinder angerichtet haben. Wenn die Eltern dafür bezahlt haben, können die Kinder es einfach vergessen, dann ist es erledigt.«

»Bist du ganz sicher? Vergibt er mir auch, wenn ich nicht an alles denke, was ich Böses getan habe?«

»Ja, da bin ich sicher.«

Erleichtert atmete sie auf, legte sich entspannt zurück und schlief sehr schnell ein. Ruhig, ohne zu husten, schlief sie die ganze Nacht hindurch.

Am anderen Morgen war Lone vergnügt und begrüßte mich: »Heute geht's mir gut! Die Engel haben gesiegt! Jetzt hab' ich Hunger!«

Sie wünschte sich Haferflocken mit Milch und aß eine ganze Schale davon leer. Dann stand sie auf und erinnerte sich daran, dass sie für Evis Pferde Leckerli backen wollte. Die Zutaten hatte sie schon vor langer Zeit besorgt.

»Heute geht's mir so gut, da kann ich das machen«, meinte sie, und ich half ihr dabei, weil ich fürchtete, es könnte doch zu viel für sie werden. Sie ermüdete sehr schnell.

Als es ihr auch am Nachmittag noch gut ging, fragte ich sie, ob ich sie für eine Weile alleinlassen könne, um noch Besorgungen zu machen. Weihnachten rückte näher, und ich hatte noch nichts einkaufen können.

Sie glaubte, dass ich mir heute sehr viel Zeit lassen könnte, weil sie sich so gut fühlte.

Als dann ihre Freundin Tanja noch kam, konnte ich wirklich ganz unbesorgt losgehen.

Als ich zurück kam, begrüßte Lone mich sehr aufgeregt:

»Frau Meisner von der Aidshilfe hat angerufen. Die wollen mir etwas zu Weihnachten schenken, und ich soll ihr sagen, was ich mir wünsche. Ich weiß aber nicht, was ich mir wünschen kann. Sie will später noch mal anrufen.«

»Hast du dir denn inzwischen was überlegt?«

Lone druckste unsicher herum: »Eigentlich möchte ich gern eine Babypuppe, Baby-Lu, oder so was Ähnliches. Aber die Puppen sind so teuer, die kosten über hundert Mark. Ich glaub', das ist zu viel.«

»Frag doch einfach, ob sie dir diesen Wunsch erfüllen können oder ob das zu viel ist. Ich denke, das darfst du schon fragen.«

Wenig später klingelte das Telefon, und diesmal ging ich an den Apparat. Es war wieder Frau Meisner; sie wollte wissen, ob Lone sich etwas überlegt hätte.

Lone stand neben mir und flüsterte mir zu: »Frag du, ob ich die Babypuppe kriegen kann, ja?«

Frau Meisner lachte: »Eine Babypuppe – die soll sie auf jeden Fall haben, aber eigentlich hatten wir an etwas Größeres gedacht. Lone hat von uns bisher so wenig bekommen. Sie kann mal einen richtig großen Wunsch äußern.«

Lone zappelte aufgeregt neben mir herum und fragte flüsternd: »Ob ich wohl mal nach Euro-Disney fahren kann? Aber das ist bestimmt zu viel, was?«

Nein, das war nicht zu viel. Frau Meisner sagte sofort: »Das ist etwa die Größenordnung, an die wir gedacht haben. Soll es dabei bleiben?«

Nun kamen mir allerdings Bedenken: »Ich weiß nicht, ob sie das schafft. Sie ist in letzter Zeit so viel krank, sie hat fast immer hohes Fieber – und, na ja – ich könnte sie dahin auch nicht begleiten. Eine solche Reise wäre mir zu anstrengend.«

Ob denn eine andere Person, die Lone gut kennt, sie begleiten könnte?

Von ihnen aus würde auf jeden Fall eine Krankenschwester mitfahren. Da könnte ich ganz beruhigt sein.

Lone stand vor Aufregung keine Sekunde still. Sie hatte fast alles mitgehört, und als das Gespräch beendet war, umarmte sie mich so begeistert, dass ich fast keine Luft bekam.

»Oma, das ist so toll, das ist – ich will ja das Wort nicht sagen, weil du es nicht magst, aber jetzt muss ich es sagen, sei bitte nicht böse! – Das ist supergeil! Oma, ich halt's nicht aus! In meinem Bauch kribbelt es so. Ich muss jemandem davon erzählen, sonst platze ich! Wem kann ich es denn erzählen?«

Ich dachte nach: »Wie wär's mit Evi?«

»Au ja, Evi!«

Schon hatte sie die Nummer gewählt und Evi von der »supergeilen« Fahrt erzählt. Aber das Kribbeln hörte noch immer nicht auf.

»Wem kann ich es denn noch erzählen?« Seltsam, sie dachte nicht an ihren Vater! Und als ich sie daran erinnerte, schüttelte sie den Kopf.

»Dann ruf' doch Sabine oder Diana an, oder Hilde?«

»Ja, Hilde! Sabine und die anderen sind vielleicht neidisch. Denen möchte ich es lieber nicht gleich sagen. Ich fehle ja so oft in der Schule, und die denken sicher, ich hab einfach keine Lust. Aber Hilde, ja, die freut sich bestimmt!«

Nach dem Anruf bei Hilde ließ das Kribbeln nach. Lone wurde still und immer stiller und legte sich schließlich erschöpft und mit fiebrig glänzenden Augen hin. Das Thermometer stieg wieder auf beinahe 40 Grad.

Ob sie die Erfüllung dieses Wunsches noch erleben würde, wenn schon der Gedanke daran sie derart mitnahm?

Am nächsten Tag ging es Lone wieder besser. Die Aufregung war abgeklungen und jetzt dachte sie über alles nach: »Eigentlich möchte ich nicht im Winter nach Paris fahren. Da würde ich viel zu sehr frieren. Vielleicht besser im Frühling oder Sommer? Wenn ich es dann nicht mehr schaffe oder wenn es mir dann noch schlechter geht... Ach, das wäre auch nicht schlimm. Dann hab ich wenigstens die Vorfreude gehabt. Die ist vielleicht sogar schöner, jedenfalls nicht so anstrengend.«

Solche Überlegungen und Gedanken von einer kaum Dreizehnjährigen – das war mir beinah unheimlich. Lone stellte sich tatsächlich dem Gedanken, dass sie es womöglich nicht erleben würde. Das tat mir auf der einen Seite weh, aber es erleichterte mich auch etwas.

Als Frau Meisner uns einige Tage später wieder anrief, um zu sagen, dass sie keine Plätze mehr bekommen habe und die Reise verschoben werden müsse, war Lone sogar froh darüber. Sie hatte es nun überhaupt nicht mehr eilig.

An einem schönen Tag im Dezember fühlte sie sich so gut,

dass sie mit mir in die Stadt gehen wollte. Sie würde das Fahrrad zwar mitnehmen, es aber schieben, um sich darauf zu stützen. Lone hatte nämlich einen ganz besonderen Plan: Sie wollte sich eine Stereoanlage für ihr Zimmer kaufen. Ihr Taschengeld, das sie schon lange nicht mehr hatte ausgeben können, würde wohl zur Anzahlung reichen, und – vielleicht könnte ich ihr ja etwas dazu geben? Das sollte ich dann jeden Monat mit dem Taschengeld verrechnen.

Sie sah mich auf ihre unnachahmliche Art an, so dass ich es kaum noch abschlagen konnte.

»Machst du das, Omi? Hast du so viel Geld, dass du mir einen Vorschuss geben kannst?«

In drei Geschäften sahen wir uns Hifi-Anlagen an; dann hatte sie sich entschieden, kramte ihr Geld heraus, und ich legte den fehlenden Betrag dazu.

»Du kriegst es bestimmt alles wieder, Omi, aber dann brauche ich doch nicht so lange zu warten.«

»Ist schon in Ordnung, Lone. Ich kann es dir auch schenken, dann habe ich wenigstens etwas zu Weihnachten, worüber du dich bestimmt freust.«

»Nein, ich will es nicht geschenkt. Du sollst mir nicht auch noch so teure Geschenke machen.«

Über Weihnachten und in den ersten Tagen des Januars ging es Lone verhältnismäßig gut. Am Heiligen Abend war Hajo zu einem kurzen Besuch gekommen, und Ole, der schon seit einiger Zeit den Führerschein und auch ein eigenes Auto hatte, holte sie ein paar Tage später ab und fuhr mit ihr zum Schlittschuhlaufen. Damit machte er ihr eine riesengroße Freude.

Bald danach ging es Lone wieder schlechter. Frierend saß sie an der Heizung, hatte Ohrenschmerzen und dick geschwollene Drüsen. Als ich ihren Rücken vorsichtig massierte, was sie so gern mochte, bemerkte ich eine kleine Blase, die wie Herpes aussah. Entwickelte sich eine Gürtelrose?

Ich rief Frau Dr. Bergmann an und fragte, ob wir kommen sollten, damit sie es ansehen könnte. Damit verlören wir zu viel Zeit, meinte sie. Wir sollten sofort zu unserem Hausarzt gehen, den sie sogleich informierte. Sie unterbreitete ihm auch Behandlungsvorschläge. Und als wir dort eintrafen, hatte er die Medikamente, die in der Apotheke nicht vorrätig waren, bereits bestellt, so dass sie sofort angewandt werden konnten.

Der Arzt diagnostizierte tatsächlich eine beginnende Gürtelrose, die durch die Arznei aber sofort gestoppt werden konnte. Erst als kaum noch etwas davon zu sehen war, musste Lone wieder nach Hannover kommen.

»Dank Ihrer Aufmerksamkeit ging das so glimpflich ab«, sagte Frau Dr. Bergmann, als sie die kleine, verschorfte Stelle begutachtete.

Im neuen Jahr war Lone noch gar nicht in der Schule gewesen. Sie hatte ständig Fieber oder Ohrenschmerzen, so dass ihr Klassenlehrer fragte, ob sie vielleicht zu Hause unterrichtet werden könnte.

Das hielt Frau Dr. Bergmann für eine sehr gute Lösung, und sie setzte sich selbst mit dem Rektor der Realschule in Verbindung, der es ebenfalls befürwortete.

Lone freute sich darüber, denn nun war sie wenigstens über die fünf Lehrer, die zu uns kamen, mit ihrer Klasse in indirekter Verbindung. Sie ließ sich berichten, was es in der Klasse Neues gab, und konnte in etwa den gleichen Unterrichtsstoff bewältigen.

Niemand von ihren Mitschülern konnte ihr nun noch vorwerfen, die Krankheit nur als Vorwand zu benutzen.

Offensichtlich machte es auch den Lehrern Spaß, Lone zu unterrichten. Sie arbeitete gern mit, war kritisch, scheute sich nicht Fragen zu stellen und hatte eine sehr schnelle Auffassungsgabe.

Ich war den Lehrern dankbar, dass sie bereitwillig in unser

Haus kamen und so engen Kontakt mit einem aidskranken Kind hatten. Selbst wenn sie manchmal während des Unterrichtes sehr viel hustete, zeigten sie keinerlei Unsicherheit oder Ablehnung, sondern warteten geduldig, bis der Hustenanfall vorüber war und sie mit dem Unterricht fortfahren konnten.

Ende Januar waren die Reisepläne nach Euro-Disney so konkret geworden, dass Christine, die Krankenschwester, die außer Evi Lone begleiten sollte, zu uns kam, um uns kennen zu lernen. Mitte Februar sollte es dann losgehen.

Kurz vor der Abreise hätte Lone am liebsten alles abgeblasen. Sie fürchte sich vor der Reise, meinte, sie sei viel zu schwach und würde nur andauernd frieren. Wenn überhaupt, dann wolle sie lieber bis zum Sommer warten.

»Die Vorfreude war schließlich auch was«, meinte sie resignierend.

Doch seit einigen Wochen kursierte das Gerücht, dass Euro-Disney vor dem Konkurs stehe und nur noch bis März ein Besuch dort möglich sei. Außerdem waren die Karten für Zug und Unterbringung fest bestellt. So konnte sie jetzt keinen Rückzieher mehr machen.

Evi und Christine redeten ihr gut zu. Selbst Frau Dr. Bergmann meinte, so schlecht ginge es ihr nun auch nicht, dass sie die Reise absagen müsse. Als dann noch ihr Vater kam, um ihr Ausweise und Auslandskrankenscheine zu bringen und ihr hundert Mark in ihr Portmonee zu stecken, war sie fast überzeugt. Evi half ihr, den Koffer zu packen.

Von Disney-Land zurückgekehrt war Lones einziger Kommentar: »Na ja, es war ganz nett, aber viel zu anstrengend. Und die Vorfreude, die war eigentlich doch schöner.«

An ihrem dreizehnten Geburtstag hatte sie morgens bei ihrem Klassenlehrer Unterricht, den sie ganz besonders mochte.

Er hatte nicht nur an ihren Geburtstag gedacht, sondern brachte auch Geschenke von allen »Hauslehrern« und der Schulsekretärin mit. Das war eine tolle Überraschung!

Leider war sie beinah das einzige Positive an diesem Tag, denn die Gäste, die wir eingeladen hatten, sagten fast alle ab. Evi konnte nur einen Augenblick bleiben, Roland war ganz verhindert und von den eingeladenen Kindern kamen nur Tanja und Janine, die anderen entschuldigten sich zum Teil nicht einmal. Hatte es sich inzwischen in der Klasse doch herumgesprochen, dass Lone aidskrank war?

Aber Lone ließ sich ihre Enttäuschung nicht anmerken und verbrachte einen schönen Nachmittag mit den beiden Freundinnen. Wie immer versuchte sie, in Enttäuschungen noch Positives zu finden.

Der Frühling brachte einige wunderschöne warme Tage, an denen es Lone auch ein wenig besser ging.

Ihr Klassenlehrer machte während des Biologie-Unterrichts einen Spaziergang mit ihr. Sie war ganz begeistert von einem brütenden Schwanenpaar, das sie beobachten konnten. Zu Hause setzte sie sich sofort hin, um ihre Eindrücke zu zeichnen, was ihr auch sehr gut gelang.

Leider hielt die Besserung nur kurze Zeit an, aber doch lange genug, dass Lone mit Roland und seiner Familie Evi begleiten konnte, die mit Shabera an einem Distanzritt teilnahm. Die beiden holten den ersten Preis unter den Kleinpferden.

Lone freute sich, als wäre sie selbst die Siegerin. »Darüber hätte sich Mama auch gefreut«, meinte sie und war ein wenig traurig, dass Elke, die doch selbst immer so gern mit Shabera an Distanzritten teilgenommen hatte, diesen Sieg nicht erleben konnte.

Zum Ballettunterricht ging Lone überhaupt nicht mehr, aber von Tamara wurde sie nicht vergessen. Sie wusste, wie gern Lone Rokokokleider trug, und darum hatte sie ihr eins genäht, das sie ihr nachträglich zum Geburtstag schenkte.

Doch nach und nach wurden viele Dinge unwichtig für Lone. Das Kleid, von dem sie geträumt hatte, fand sie gar nicht mehr so toll. Sie sagte das allerdings nicht, weil sie Tamara nicht enttäuschen wollte, die sich so viel Mühe damit gegeben hatte.

Im Mai nahm Roland sie mit in den Heidepark. So groß die Freude erst war – es wurde wieder zu einem enttäuschenden Erlebnis.

Lone wurde immer schwächer und dadurch auch entmutigt, sich überhaupt noch auf etwas zu freuen, wenn doch alles zu anstrengend war.

Bevor Evi uns abholte, um ihren Geburtstag mit uns zu feiern, legte Lone sich eine Weile hin, um den Nachmittag durchhalten zu können. Sie ließ sich von mir auch nicht mehr den Rücken massieren, weil sie nicht wollte, dass ich ihren abgezehrten Körper sah. Wenn sie sich auszog, bat sie mich wegzugucken. Trotzdem sah ich immer noch genug, das mich schmerzte.

Einmal fragte sie: »Omi, hast du mich immer noch lieb? Auch wenn du so viel Mühe mit mir hast? Wenn es dir zu viel wird, musst du es sagen, ganz ehrlich; dann muss ich eben doch zum Papa gehen – oder in die Klinik.«

Ich konnte sie nur ganz fest in den Arm nehmen und ihr versichern, dass ich sie sehr lieb hätte und mir nichts schwer fiele, womit ich ihr helfen konnte.

Als der Husten immer schlimmer wurde und das Fieber immer höher stieg, bestellte Frau Dr. Bergmann sie zur stationären Aufnahme in die Klinik. »Wenn es geht, richten Sie es so ein, dass Sie mitkommen und hier bleiben können, mindestens für zehn Tage«, hatte sie mir am Telefon gesagt.

Natürlich konnte ich! Ich würde Lone doch nicht allein lassen, wenn die Möglichkeit bestand, bei ihr zu bleiben.

Frau Dr. Bergmann hatte bereits einen Krankenwagen bestellt. Hajo war mit Carmen und deren Kindern in die Pfingstferien gefahren.

Aber eine Fahrt im Krankenwagen fand Lone auch sehr aufregend. Am liebsten wäre sie mit Blaulicht gefahren, um die Sache noch interessanter zu machen. Und vielleicht wäre das sogar berechtigt gewesen, denn auf den durch den Pfingstverkehr verstopften Straßen kamen wir zeitweise nur im Schritttempo vorwärts, und im Krankenhaus wartete doch schon alles auf die Patientin.

Gleich nach der Ankunft holte uns eine Schwester bei der Anmeldung ab und brachte uns ins Zimmer, wo auch für mich ein Bett bereitstand.

Bald danach legte Frau Dr. Bergmann einen Dreiwegehahn in die Armvene, wodurch Lone die vorgesehenen Infusionen bekommen konnte, ohne dass jedes Mal ein neuer Einstich erforderlich war. Außerdem konnten die Infusionen nun auch nachts gegeben werden, ohne dass Lone geweckt werden musste.

Für heute war Lone so müde, dass sie sofort einschlief, ohne etwas gegessen zu haben. In der Nacht hustete sie mehrmals heftig, wurde aber nicht davon wach. Erst am anderen Morgen bekam sie einen schrecklichen Hustenanfall und rang nach Luft. Die herbeigerufene Schwester gab ihr Sauerstoff, und danach ging es besser.

Wie gut, dass das nicht zu Hause passiert ist, da wäre mir das Kind jetzt erstickt, dachte ich tief bestürzt. Lone schlief wieder ein. Sie lag so still, dass ich öfter über sie gebeugt lauschte, ob sie überhaupt noch atmete.

Was, wenn sie nicht mehr aufwacht? dachte ich. Wenn ihr Leben nun schon endet, so still, ohne dass wir uns verabschiedet haben? Wie würde ich es ertragen? Könnte ich es überhaupt annehmen?

O Gott, ich brauche das feste Herz ganz notwendig, wenn Lone nicht mehr wach wird!

Aber wäre es nicht gut, wenn sie so ruhig einschlafen könnte?, so überlegte ich weiter. Sollte ich das nicht sogar wünschen?

Es ist ohnehin schon schlimm genug für sie, dass sie kaum noch etwas unternehmen kann, gerade sie, die doch immer vor Tatendrang sprühte und so temperamentvoll war. Sollte ich es nicht wünschen, dass ihr Leben so still und ohne Schmerzen endet? Darf ich an mich denken, an das, was ich verliere, wenn sie mich jetzt schon verlässt? Ich wollte in jedem Fall das Beste für sie.

Gott, du allein weißt, was das Beste ist.

Als abends eine Ärztin mit der nächsten Infusionsflasche kam, wurde Lone wach und fragte verwundert und ein bisschen ärgerlich, warum sie jetzt schon wieder eine Spritze bekäme, die sei doch erst abends fällig.

»Es ist doch Abend«, sagte die Ärztin verwundert, denn sie wusste nicht, dass Lone den ganzen Tag geschlafen hatte.

»Hab' ich etwa so lange geschlafen?«

»Du hast ganz wunderbar geschlafen«, antwortete ich. »Wie fühlst du dich denn jetzt?«

»Ich glaub', ich hab Hunger!«

»Das ist ja die Neuigkeit des Jahres! Du hast Hunger?«

»Ja, ich möchte ein Graubrot mit Mortadella, aber zwei Scheiben Mortadella auf dem Brot, und was zu trinken.«

Eine Schwester kümmerte sich sofort darum, ich nahm Lone in die Arme, überglücklich.

Jeden Tag ging es ihr nun besser. Die Infusionen liefen problemlos über den Dreiwegehahn, der sieben Tage lang hielt, ohne erneuert werden zu müssen. Zum Essen stand Lone auf, und wenn die Schwestern nichts anzubieten hatten, das sie mochte, ging sie mit mir in die Mensa oder in die Pizzeria.

Nach zwei Tagen hatte sie schon dreihundert Gramm zugenommen. Man sah es sogar an Armen und Beinen. Und nach einer Woche entschied Frau Dr. Bergmann, dass sie die noch fehlenden Infusionen auch zu Hause bekommen könne. Mit zwei Kilogramm Gewichtszunahme wurde sie schon nach einer Woche entlassen.

Sie war so lebhaft, wie schon lange nicht mehr.

Vor der Entlassung wurde noch ein neuer Dreiwegehahn gelegt, der dem Hausarzt für die noch fehlenden Infusionen dienen sollte.

Alle staunten, als wir nach Hause kamen und Lone so unternehmungslustig war wie in ihren besten Zeiten.

Im Ort hatte das Schützenfest begonnen und Lone wollte dabei sein.

Es schien, als wolle sie alles nachholen, was sie in den vergangenen Monaten versäumt hatte.

Auf der Kirmes gab es kaum etwas, das sie nicht ausprobierte, ob es Achterbahn, Schiffschaukel oder noch wildere Geräte waren, auf die sie sich früher kaum gewagt hatte.

Ganz außer Atem kam sie nach Stunden heim, mit glänzenden Augen. »Das war klasse!«, meinte sie und wollte am nächsten Tag unbedingt wieder hingehen. Aber weil auf der Kirmes nicht viel los war, machte sie einen Besuch im Ballett-Studio.

Tamara war begeistert: »Du kommst gerade richtig! In zwei Wochen wollen wir eine Aufführung machen. Da fehlen mir noch ein paar Mädchen, die was können. Du kannst das noch einstudieren. Da sehen die anderen gleich, wie schnell man so was lernen kann. Die proben schon ein paar Wochen daran.«

Tamara brachte Lone eine Videokassette der Proben nach Hause, damit sie die Musik und die Schritte kennen lernte. Dann hatte sie noch zweimal vor der Aufführung Gelegenheit, bei Proben mitzumachen. Tamara war sehr zufrieden: »Jetzt strengen sich die anderen auch mehr an. Die haben vorher immer nur gestöhnt, dass ich zu viel von ihnen verlange.«

Als wir nach der Aufführung den Saal verließen, sprach die Besitzerin des Ballett-Studios uns an und sagte: »Lones Gruppe, das waren die Besten.«

Es war eine herrliche Zeit. Alle meinten, dass sie es doch schaffen würde. Vielleicht...!

Ich hoffte irgendwie auf ein Wunder. Sollte es nicht möglich sein, dass auch jemand von Aids geheilt wurde? Bei Gott gibt es doch nichts Unmögliches.

»Meine Zeit steht in deinen Händen;
nun kann ich ruhig sein, ruhig sein in dir.
Du gibst Geborgenheit, du kannst alles wenden.
Gib mir ein festes Herz; mach es fest in dir!«

Wenn sich die Sonne verhüllt

»Lasst uns festhalten an dem Bekenntnis der Hoffnung.«
(Hebräer 10,23)

Zwei Monate später kam die große Enttäuschung. Lone hustete immer mehr, hatte fast täglich Fieber und war schwach und lustlos. Nachdem ihr die letzte Behandlung so gut getan hatte, hofften wir, dass weitere Infusionen sie wieder auf die Beine bringen würden. Darum wurde sie erneut stationär aufgenommen.

Aber diesmal kam alles anders. Die Enttäuschung für sie begann schon mit der Unterbringung auf der Station. Lone kam in ein Zweibettzimmer, denn ich brauchte sie nicht zu begleiten, weil nur fünf Tage für die Behandlung vorgesehen waren. Christine, die Krankenschwester, die sie nach Euro-Disney begleitet hatte, wollte sie jeden Tag besuchen und dann auch nach Hause bringen.

Aber nach fünf Tagen war überhaupt keine Besserung festzustellen. Ob die fünf noch fehlenden Infusionen, die sie vom Hausarzt bekommen sollte, wirklich eine Veränderung bringen würden?

Unser Hausarzt war im Urlaub, und seine Vertretung war Lone unsympathisch. Vielleicht zitterte sie deshalb am ganzen Körper als hätte sie Schüttelfrost, während die Infusion lief. Die Behandlung musste eilig abgebrochen werden.

Auch am folgenden Tag ging es nicht besser. Lone begann schon zu zittern, als gerade erst ein paar Tropfen durchgelaufen waren.

Neu waren auch Magenschmerzen, die immer unerträglicher wurden und gegen die kein Medikament half. Am Arm hatte Lone einen Mückenstich, der zu eitern anfing. Alle Salben und sonstigen Behandlungen brachten keinen Erfolg. Die Entzündung wurde täglich größer und sah beängstigend aus.

Die Krankenpflegerinnen, die seit kurzem auf Verordnung Frau Dr. Bergmanns täglich kamen, Lone zum Arzt fuhren und sie betreuten, waren ratlos.

Lone wollte wieder in die Klinik gehen, aber auch Frau Dr. Bergmann war im Urlaub, also blieb sie lieber zu Hause.

Um sie abzulenken, holte Evi Lone zu sich. Aber kaum hatte sie sich dort eingerichtet, war es mit den hochsommerlichen Temperaturen vorbei. Bei Evi war es kalt, da konnte ein Kind, das so leicht fror, nicht bleiben. Deshalb brachte Evi sie wieder nach Hause. Hier lag sie, von lauter Wärmflaschen umgeben, krümmte sich immer wieder vor Schmerzen, musste auch sonst im Bett bleiben und hatte zu nichts Lust, nicht einmal zum Fernsehen.

Umso mehr war ich ihrer Freundin Tanja dankbar, die für einige Tage zu uns kam und bis zum Ende der Ferien auch bei uns schlief. So wurde Lone etwas abgelenkt. Aber schließlich wurden die Schmerzen so stark, dass sich die sonst so freundliche Lone veränderte, launisch und aggressiv wurde, und das sogar den Menschen gegenüber, die sie liebte.

In der Ferienzeit war niemand da, der uns hätte beraten können und zu dem auch Lone Vertrauen hatte. Unser Hausarzt kam eine Woche vor Frau Dr. Bergmann aus dem Urlaub zurück, aber auch er konnte Lone nicht helfen. Er fand weder etwas gegen die furchtbaren Magenschmerzen noch eine Heilsalbe für die Wunde am Arm.

Erst jetzt erinnerte ich mich, dass Frau Dr. Bergmann bereits Anfang des Jahres sehr starke Schmerztabletten für Lone aufgeschrieben hatte, für den Fall, an den ich damals gar nicht denken wollte. Jetzt erwiesen sie sich als sehr hilfreich. Ich gab Lone nun mehrmals am Tag eine halbe Tablette, damit sie wenigstens etwas essen und trinken konnte, ohne unerträgliche Schmerzen zu haben.

Sobald Frau Dr. Bergmann aus dem Urlaub zurück war, rief ich sie an, und sie bat Lone für den nächsten Tag ins Krankenhaus, um eine Magenspiegelung vorzunehmen. Sie meinte, es würde sicher nur drei Tage dauern, bis sie wieder nach Hause könne, denn sie vermutete, Soor sei für die Schmerzen verantwortlich, und der sei gut zu behandeln.

Eigentlich hätte ich sie für die kurze Zeit nicht begleiten müssen, aber Lone fürchtete sich vor dem Eingriff und der Narkose und wollte mich in ihrer Nähe wissen. Und auch mir war es lieber, wenn ich bei ihr sein konnte.

Das Beruhigungsmittel, das Lone eine Stunde vor der Magenspiegelung bekam, wirkte so gut, dass sie nicht einmal mehr bemerkte, als sie in den OP gebracht wurde. Ich meinte zwar, sie sei wach, denn sie sprach mit mir, antwortete auf Fragen und wollte wissen, ob sie auch ihr Lieblingsstofftier, Hasi-Regenbogen, mitnehmen durfte, aber später konnte sie sich an nichts mehr erinnern.

Während Lone im OP war, wartete ich unruhig und besorgt im Vorraum, bis Frau Dr. Bergmann mir sagte, ich könne schon in unser Zimmer gehen, die Operation verlaufe ohne Komplikationen.

Nachdem Lone von einer Schwester ins Zimmer zurückgebracht worden war, schlief sie ganz fest bis in den späten Nachmittag. Dann kam sie langsam zu sich und fragte ärgerlich, wann sie denn endlich operiert werde, sie sei ja immer noch hier im Zimmer. Sie hatte also wirklich gar nichts mitbekommen.

Der Befund ließ einige Fragen offen, und die Behandlung mit den vorgesehenen Medikamenten bewirkte keine Besserung. Immer noch musste sie Morphium nehmen, um wenigstens etwas essen zu können.

Dann bekam sie zusätzlich noch Schmerzen beim Schlucken, die noch unerträglicher waren als die Magenschmerzen.

Um die Ursache dafür festzustellen, wurde die Speiseröhre geröntgt. Die Vorbereitungen dazu waren eine Qual für Lone, denn sie musste ein Kontrastmittel schlucken, das nicht nur ekelhaft schmeckte, sondern auch Brechreiz verursachte und die Schmerzen verstärkte.

Ich war zornig auf Gott: Herr, warum muss dieses Kind das aushalten? Ich möchte ihr so gern die Schmerzen abnehmen, aber ich kann nur hilflos zusehen, wie schlecht es ihr geht. Willst du mir dadurch irgendetwas zeigen? Wie schwer es für dich war, deinen vollkommen schuldlosen Sohn für unsere Schuld so leiden zu lassen? Oder lässt du uns einfach im Stich? Willst du ihr und mir nicht mehr helfen? Ich halte es nicht mehr aus, mein Gott! Ich kann es nicht mehr mitansehen. Hast du denn kein Mitleid mit ihr? Wenn du ihre Schmerzen nicht lindern willst, dann lass sie lieber sterben!

Die Entzündung am Arm war inzwischen noch größer geworden, und selbst Fachärzte rätselten, was es sein konnte. Gut, dass sie Lone wenigstens keine Schmerzen bereitete.

Dann wurde ein Abstrich gemacht und festgestellt, dass es sich um Herpes handelte. Wir wurden sofort in unserem Zimmer isoliert. Ärzte, Schwestern und Besucher mussten auch nach einem ganz kurzen Aufenthalt bei uns eine Minute warten, bevor sie auf den Gang hinaustreten durften. In dieser kurzen Zeit starben die Herpesviren und es bestand keine Ansteckungsgefahr mehr. Wir durften nicht einmal das Fenster öffnen, das zur Terrasse führte, damit nicht etwa zufällig Vorbeigehende infiziert wurden.

Lone durfte das Krankenzimmer unter keinen Umständen verlassen. Wenn die Schwestern uns etwas brachten, stellten sie es im Vorraum ab. Von dort holten wir es ins Zimmer, damit sie nicht jedes Mal so viel Zeit mit dem »Auslüften« verloren.

Doch nachdem nun bekannt war, um was es sich handelte und eine gezielte Behandlung begonnen werden konnte, zeigte sich auch bald Erfolg. Die Stelle vergrößerte sich nicht mehr und sah schon bald besser aus.

Als Lones Speiseröhre noch einmal geröngt werden sollte,

war der Weg in die Röntgenabteilung nur unter größten Vorsichtsmaßnahmen möglich. Wir brauchten »Geleitschutz«, der vor ihr die Flure und Gänge freimachte, neben ihr aufpasste, dass niemand aus irgendeinem Zimmer kam, während Lone im Rollstuhl vorbeigefahren wurde. Selbst hinter ihr liefen noch einmal zwei Schwestern, die alle Türen sorgfältig bewachten. Dass wir auf diese Weise die ganze Kinderklinik durchqueren mussten, von Lones Station durch viele Gänge im Erdgeschoss zur Ambulanz und dann zur Röntgenabteilung, aus der schon vorher alle wartenden Patienten hinausgebeten worden waren, fand Lone einfach spannend. Der »Gefahrentransport« machte ihr richtig Spaß.

Aber noch mehr Spaß hatten wir alle wenig später. Unmittelbar nachdem Lone unter ebenso großem Aufwand wieder in ihr Zimmer begleitet worden war, kam der Hautarzt, um uns zu sagen:

»Ab sofort können Sie wieder normal raus- und reingehen, niemand muss im Vorraum stehen bleiben und warten. Lone soll einen Verband um die Stelle wickeln, wenn sie das Zimmer verlässt. Im Zimmer braucht sie keinen zu tragen.«

Wir lachten lauthals los und fanden den »Gefahrentransport« jetzt noch viel komischer.

Natürlich wurde es nichts mit der baldigen Entlassung. Darum baten wir um ein größeres Zimmer, denn bis jetzt hatte ich nachts auf einer Liege schlafen müssen, die den Zugang zu Lones Bett verstellte.

Wir hatten Glück. Kaum war die Bitte ausgesprochen, da wurde auch schon ein größeres Zimmer frei, und wir konnten noch am Nachmittag umziehen.

Im neuen Zimmer fühlten wir uns beide sehr viel wohler, aber Frau Dr. Bergmann war selbst mit dem größeren Zimmer für uns beide noch nicht zufrieden und wollte mich in der Elternherberge unterbringen. Doch da war zu dieser Zeit kein Zimmer frei. Das nächste Mal würde sie mich aber rechtzeitig dort anmelden, versprach sie mir.

Nach der nun ganz gezielten Behandlung besserten sich Lones Schluckbeschwerden deutlich. Das wirkte sich auch auf ihre seelische Verfassung aus und sie wurde deutlich ausgeglichener.

Die ständigen Schmerzen hatten sie sehr reizbar und streitsüchtig gemacht. Selbst die Schwestern, die sonst immer gern in ihrem Zimmer ein Schwätzchen hielten, blieben dann nicht lange bei ihr. Lone wusste selbst, dass es nicht leicht war, mit ihr auszukommen.

Hilde hatte schon in der ersten Woche angeboten, mich abzulösen, damit ich für ein paar Tage nach Hause fahren konnte. Sie hatte auch Lone gefragt, ob sie damit einverstanden wäre. Ein bisschen verschämt hatte Lone geantwortet: »Wenn ich dir nicht zu zickig bin... Wenn du meinst, dass du mich ertragen kannst... dann ja. Das wäre auch für Oma mal gut, wenn sie für ein paar Tage nach Hause könnte.«

Ich war Hilde sehr dankbar und überlegte gleich, was ich zu Hause alles machen könnte. Beide brauchten wir saubere Wäsche und Kleidung, denn wir waren ja nur auf höchstens eine Woche eingerichtet gewesen. Zu Hause gab es auch noch einiges zu regeln, die Post musste abgeholt werden, und Überweisungen wurden fällig. Hilde verstand sich prima mit Lone, sie hatte immer so viele gute Ideen. Die beiden würden sicher ausgezeichnet ohne mich zurechtkommen.

Doch dann, am Abend bevor Hilde eintreffen sollte, teilte sie uns über Evi mit, dass sie selbst sehr krank geworden sei und bat deshalb, es zu verstehen, wenn Hilde nun nicht käme.

Ich war sehr enttäuscht, machte dann aber doch Pläne, um trotzdem nach Hause fahren zu können.

Ich durfte Lone nicht lange allein lassen. Es ging ihr zwar schon etwas besser, aber sie war immer noch sehr niedergeschlagen und bedrückt. Aber wenigstens zwei Tage musste ich haben, um auch nur das Nötigste zu erledigen. Schweren Herzens ließ ich sie allein in der Klinik zurück.

Mit meiner Besorgungsliste zu Hause angekommen, ging ich zuerst ans Telefon, um zu hören, wie es Lone ging. Sie fühlte sich sehr einsam und weinte. Ich solle doch morgen schon wiederkommen, bat sie mich. Doch das war einfach nicht möglich. Ich versprach ihr, von ihren Lieblingssendungen einige aufzunehmen, damit sie sie dann mit dem Videorekorder sehen könnte, den ich auf jeden Fall mitbringen würde.

Als ich das Wichtigste zusammengepackt hatte, war es so viel, dass ich nicht mit dem Zug fahren konnte; ich müsste ja mehrmals umsteigen. Allein auf dem Bahnhof in Hannover, vom Bahnsteig bis zur Straßenbahn oder dem Taxiplatz, war es ziemlich weit und beschwerlich mit so viel Gepäck. Darum fragte ich Hajo und Roland, ob einer von ihnen mich nach Hannover bringen könne. Hajo lehnte sofort ab. Er könne bestenfalls am Wochenende fahren. Aber so lange wollte ich Lone nicht warten lassen. Auch für Roland war es nicht ganz einfach, sich die Zeit zu nehmen. Er hatte Nachtdienst und musste deshalb pünktlich zurück sein. Aber schließlich fand er doch eine Möglichkeit, mich nach Hannover zu fahren.

Roland konnte nicht lange in der Klinik bleiben. Er trug mein Gepäck in Lones Zimmer, begrüßte sie nur flüchtig und fuhr wieder los. Trotzdem fiel mir sein erschrockener Blick auf, als er das abgemagerte Kind sah.

Am folgenden Tag kamen Hajo und Ole. Hajo ließ sich kein Erschrecken anmerken, aber Ole war so betroffen, ja erschüttert beim Anblick seiner Schwester, dass er sich wegdrehte und so setzte, dass er sie nur noch undeutlich von der Seite sehen konnte. Er war ganz blass geworden.

Kaum waren die beiden weggegangen, rief Evi an. Sie hatte schon seit längerer Zeit starken Husten. Ihre Stimme klang am Telefon sehr rau und gequält. Nachdem sie zuerst mit Lone gesprochen hatte, fragte ich sie, ob sie schon beim Arzt gewesen sei wegen ihrer Bronchitis.

»Ja«, antwortete sie, »meine Ärztin meint, das sei seelisch bedingt, etwas anderes konnte sie nicht finden.«

Als ich den Hörer auflegte, brach Lone in Tränen aus und weinte so heftig, wie ich es noch selten bei ihr erlebt hatte. Ich nahm sie in den Arm und fragte nach dem Grund. Während dicke Tränen über ihre Wangen liefen, meinte sie schluchzend: »Alle machen sich Sorgen um mich. Gestern Roland . . . Ich hab doch gemerkt, wie erschrocken er war, als er mich sah. Deshalb ist er so schnell wieder weggegangen. Heute Ole . . . Er hat sich umgedreht, damit er mich nicht ansehen muss. Und er war ganz bleich. Und Evi ist krank, weil sie sich um mich sorgt! Die sollen nicht traurig sein wegen mir! Was wollen sie erst machen, wenn ich sterbe? Dann wird Evi überhaupt nicht mehr gesund.«

Ich wischte ihre Tränen ab und versuchte, sie zu beruhigen, aber sie wollte jetzt keinen Trost und schluchzte weiter, bis sie schließlich einschlief.

Am nächsten Morgen kuschelte Lone sich an mich und hatte wieder Tränen in den Augen, als sie sagte: »Oma, ich hab' schon wieder geweint. Aber diesmal vor Freude, weil ihr mich alle so lieb habt. Darüber bin ich so froh.«

Den Stapel Post aus meinem Briefkasten hatte ich zu Hause nicht sortieren können, dazu war nicht genügend Zeit. Ich hatte das ganze Paket in den Koffer gesteckt. Jetzt in der Klinik konnte ich alles in Ruhe durchsehen. Es war auch ein Brief von meiner Freundin aus Schottland dabei. Den las ich zuerst.

Hansie war so alt wie ich. Sie stammte aus Berlin, von wo ihre Familie nach Hitlers Machtübernahme nach Holland geflohen war. Dort hatten die Nazis sie eingeholt und die ganze Familie umgebracht. Nur Hansie war durch viele Wunder und die Hilfe von mutigen Menschen gerettet worden. Über ihre Erlebnisse hatte sie ein Buch geschrieben, das ich vor kurzer Zeit gelesen hatte.

Ich war so sehr davon betroffen, dass ich über den Verlag an sie schrieb und sie um Vergebung bat für alles, was ihr von meinem Volk angetan worden war. Denn zur gleichen Zeit, als sie und ihre Familie das alles erdulden mussten, hatte ich mich von den Parolen der Nazis aufhetzen lassen und hatte diesem Verbrecher, Hitler, begeistert zugejubelt. Darüber empfand ich tiefe Scham. Hansie hatte mir geantwortet, in liebevoller, gütiger Weise. Kein Wort der Anklage, kein einziger Vorwurf, nur Freundlichkeit in jeder Zeile.

Seitdem schrieben wir uns, und immer wieder war ich von ihrer liebevollen Art berührt. Obwohl wir uns nicht persönlich kennen gelernt hatten, waren wir durch die hin- und hergehenden Briefe zu Freundinnen geworden.

Als ich nun ihren neuesten Brief hier in der Klinik las, hatte ich wieder Freudentränen in den Augen, und Lone wollte wissen, warum ich weinte.

Ich las ihr aus Hansies Brief vor. Auch sie berührte es und sie wollte von mir wissen, wie ich Hansie kennen gelernt hatte.

Ich erzählte, und nachdem sie eine Weile geschwiegen hatte, sagte Lone: »Jetzt weiß ich, was ich mir wünsche! Ein Rundfunksender hier in Hannover will doch einem Aidskind eine Spende zukommen lassen. Frau Dr. Bergmann hat mich dafür vorgesehen. Aber ich wusste nicht, was ich mir wünschen könnte. Nun weiß ich es: Eine Flugreise nach Schottland mit dir zusammen, damit du deine Freundin mal besuchen kannst.«

Es war völlig ungewiss, ob Lone eine solche Reise überhaupt durchstehen würde, denn ein Virus im Augenhintergrund, der erst kürzlich entdeckt worden war, machte Frau Dr. Bergmann große Sorgen. Die Infusionen, die Lone deshalb bekam, mussten ihr weiteres Leben lang jeden zweiten Tag gegeben werden und liefen zwei Stunden lang. Das Mittel konnte nicht in Tabletten oder Tropfen verabreicht werden, sondern nur intravenös. Und einmal in der Woche musste der Augenarzt feststellen, ob sich die Trübung weiter ausbreitete oder sogar auf dem anderen Auge begonnen hatte.

Als Lone Frau Dr. Bergmann dann von ihren Reiseplänen erzählte, freute die sich über Lones Begeisterung und versprach, alle Hindernisse aus dem Weg zu räumen. Es müsse irgendwie möglich zu machen sein, dass sie fahren konnte.

Lone hatte nun keine Magenschmerzen mehr, und auch die Schluckbeschwerden waren viel besser geworden, deshalb bekam sie jetzt sehr kalorienreiche Nahrung, extra für sie zubereitet. Mit dem neuen Ziel vor Augen war sie auch bereit, selbst ohne richtigen Appetit zu essen.

Alle, Frau Dr. Bergmann, die Schwestern und Therapeuten machten ihr Mut und redeten ihr zu, dass sie bestimmt reisen könne, wenn sie kräftig genug wäre. Lone sprühte wieder vor Lebensfreude und brachte Ärzte und Schwestern mit ihren Ideen zum Lachen. Alle kamen wieder gern in ihr Zimmer und blieben oft so lange, bis sie woanders dringend gebraucht wurden. Wenn eine Schwester nirgendwo zu finden war, suchte man sie zuerst bei Lone.

Von Gaby, einer Beschäftigungstherapeutin, ließ Lone sich Farben und Pinsel bringen und bemalte die großen Glasfenster der Eingangstüren zu ihrem Zimmer mit Motiven aus Filmen und Büchern. Die Schwestern schlugen vor, sie solle häufiger von einem Zimmer in ein anderes verlegt werden, um alle Scheiben so zu gestalten. Und als Lone in den nächsten Wochen immer wieder mal für kurze Zeit entlassen und dann wieder aufgenommen wurde, bekam sie tatsächlich fast jedes Mal ein Zimmer, das noch nicht mit ihren Bildern geschmückt war.

Motive aus Peter Pan waren die letzten, die sie kurz vor Weihnachten malte. Dabei war sie besonders sorgfältig und überprüfte und verbesserte Farben und Formen immer wieder kritisch. Ganz entgegen ihrer Gewohnheit signierte sie dieses Bild mit Namen und Datum. Ahnte sie, dass es ihr letztes war?

Während der zwei Tage, die ich zu Hause gewesen war, hatte Frau Dr. Bergmann mit Lone ausführlich über die verschiedenen Möglichkeiten gesprochen, ihr Leben so lange und angenehm wie möglich zu erhalten. Lone hatte eindeutig und unmissverständlich den Wunsch geäußert, nicht intensivmedizinisch behandelt oder künstlich ernährt zu werden. Wenn es möglich sei, wolle sie zu Hause sterben.

Frau Dr. Bergmann befürchtete, dass ich mit Lones Wunsch nicht einverstanden sein könnte, sondern alle Möglichkeiten zur Verlängerung ihres Lebens auszuschöpfen wünschte. Deshalb fragte sie mich, was ich mir vorstellte und war erleichtert zu hören, dass ich genau wie Lone darüber dachte. Wenn ihr Leben nicht mehr zu retten war, sollte ihr Sterben nicht um jeden Preis hinausgeschoben werden. Ich wusste, dass ihre Zeit in der Hand Gottes stand. Gott konnte sie heilen, gegen alle Vernunft, gegen alle Erfahrungen, auch das wusste ich. Er erhört Bitten und Gebete, aber die Entscheidung über das Wie liegt bei ihm. Er kann Heilung geben, aber auch ein Sterben in Ruhe und Geborgenheit. Er allein sollte entscheiden, und ich vertraute ihm, dass sein Handeln auf jeden Fall für uns gut sein würde.

Meine Sorge war nur, dass Hajo mit dieser Entscheidung nicht einverstanden sein könnte. Aber dann erfuhr ich, nachdem er Lone einmal in der Klinik besucht und ebenfalls mit Frau Dr. Bergmann gesprochen hatte, dass auch er nicht auf künstliche Verlängerung ihres Lebens drängen wollte. Das war eine große Erleichterung.

Zu Beginn des neuen Schuljahres hatte Lone sich vorgenommen, wieder stundenweise am Unterricht in der Klasse teilzunehmen. Anhand des Stundenplanes und der Infusionstermine beim Hausarzt suchte sie die Unterrichtsfächer aus, an denen sie teilnehmen wollte. Ein Krankenpfleger brachte sie zur Schule und holte sie nach der vereinbarten Zeit dort wieder ab. Auf diese Weise hatte sie wieder mehr Kontakt zu Klassenkameraden und war nicht so isoliert.

Lone ging jetzt gern zur Schule und schätzte sie sehr. Diese

Haltung sah einem Teenager gar nicht ähnlich, aber für Lone stellte sich vieles ganz anders dar. Manchmal schien es mir, als drängten sich die Erfahrungen eines langen Lebens für sie zu einer Kurzfassung zusammen.

Auch zu Hause hatte sie jetzt einen Rollstuhl zur Verfügung. Wenn das Wetter gut war, schob Tanja sie damit durch die Stadt. Sie benahm sich dabei völlig natürlich, so als sei alles selbstverständlich und alltäglich. Tanja war wirklich eine sehr gute Freundin! Gott hatte Lones Wunsch damals nicht überhört. Lone war zwar auch sonst überall beliebt und gern gesehen, aber um Tanja konnte man sie beneiden. Auch wenn sie mit Lone oft kaum etwas anfangen konnte, weil es ihr zu schlecht ging, blieb sie geduldig an ihrem Bett sitzen und lachte oder weinte mit ihr.

Manchmal holte Evi die beiden zum Reiten ab. Aber dann erzählte Lone mir später enttäuscht, dass Evis Stute ihr überhaupt nicht gehorchte. Kein Wunder, bei ihrem Gewicht spürte Shabera sie kaum im Sattel.

An einem wunderschönen Herbsttag wollte Lone gerne mal wieder in die Stadt, »bloß ein bisschen Schaufenster gucken!«

Warum auch nicht? Hilde war gekommen und schob den Rollstuhl. Beim Juweliergeschäft war Lone schon immer gern stehen geblieben, um sich die Auslagen anzusehen. Jetzt machte sie mich darauf aufmerksam, dass sie eigentlich mal wieder einen schönen neuen Ring kaufen könnte. Genug Taschengeld hatte sie ja gespart.

In den Auslagen fand sie nichts, das ihr gefallen hätte, deshalb gingen wir in den Laden und ließen uns von der Verkäuferin passende Ringe zeigen. Nach langem Suchen hatte sie einen Bernsteinring entdeckt, der ihr so gut gefiel, dass sie ihn auf der Stelle kaufen wollte. Doch dafür reichte ihr gespartes Taschengeld nicht ganz.

Sie druckste ein wenig herum, bis sie mich schließlich fragte, ob ich ihr einen Vorschuss geben könnte.

Darüber musste ich allerdings erst nachdenken. Wenn wir die Schottlandreise machen würden, kämen einige Ausgaben auf mich zu. Konnte ich ihr dennoch einen Vorschuss geben?

»Willst du es dir nicht noch überlegen? Der Ring müsste ohnehin noch etwas kleiner gemacht werden . . .«

Enttäuscht verließ sie mit uns das Geschäft, und ich erklärte ihr, warum ich jetzt nicht so viel ausgeben konnte.

»Falls aus der Reise nichts wird, dann werde ich dir den Ring schenken«, versprach ich ihr. »Wir können ihn ja erst mal für eine Bedenkzeit von zwei Wochen zurücklegen lassen.«

Zu Hause angekommen, schwärmte Lone immer noch von dem Ring. Sie hatte mich schon fast so weit, dass ich ihn allen Bedenken zum Trotz kaufen wollte, um ihr eine Freude zu machen. Aber das sollte dann eine Überraschung werden.

Doch bevor ich am nächsten Tag beim Juwelier anrufen konnte, meinte sie zu mir:

»Weißt du, Oma, was ich mir überlegt habe? Ich möchte eigentlich gar nicht so gern nach Schottland. Ich hab' nämlich ein bisschen Angst, dass es wieder alles zu viel für mich wird. Bestimmt ist es mir zu kalt und mir wird's wieder schlecht, und was sonst noch alles passieren kann. Was hältst du davon, wenn wir auf die Reise nach Schottland verzichten? Wärst du dann sehr traurig? Könntest du mir dann das Geld leihen? Von dem Ring hab ich, glaub' ich, viel mehr als von einer viel zu anstrengenden Reise.«

»Dann werde ich ihn dir schenken«, sagte ich, beinah erleichtert, denn ich hatte mir selbst schon einige Gedanken darüber gemacht, wie Lone das alles bewältigen sollte. Auch ich hielt es für besser, auf die Reise zu verzichten. Ich hatte Lone aber nicht abraten wollen, um ihr die Freude nicht zu nehmen.

Sie umarmte mich stürmisch, und ich rief sofort den Juwelier an, er könne den Ring ihrer Größe entsprechend ändern. Am nächsten Tag konnte ich ihn schon abholen. Lone war total begeistert.

Als Hilde sie besuchte, zeigte sie ihr stolz den mit dem Ring geschmückten Finger und sagte: »Guck mal, Hilde, meine Schottlandreise!«

Es war schön, ihre Freude zu sehen. Aber ich war auch traurig darüber, dass sie ihre Ziele immer kürzer steckte.

Sie war für jede kleine Freude dankbar, besonders wenn das, was sie freute, nicht zu anstrengend war. Ein langsamer und schmerzlicher Abschied hatte begonnen, aber ich wollte sie nicht aufhalten.

Im Tal der Todesschatten

»Auch wenn ich wanderte im Tal der Todesschatten, fürchte ich kein Unheil, denn du bist bei mir.« (Psalm 23,4)

Bis Mitte November, also fast fünf Wochen lang, ging es Lone einigermaßen gut. Schwester Gaby, mit der sie sich sehr gut verstand, brachte sie morgens in die Schule und holte sie wieder ab. An jedem zweiten Tag bekam Lone anschließend eine Infusion beim Hausarzt.

Oft war sie mit Tanja zusammen, deren Mutter sie mittags zu uns brachte und abends wieder abholte.

Zweimal musste sie nach Hannover kommen, um die Wirkung eines Medikamentes überprüfen zu lassen, damit mögliche neue Krankheitsherde sofort erkannt würden. Die Fahrt dorthin belastete sie sehr, auch wenn sie sonst gern in die Klinik ging, um Freunde wieder zu sehen.

In der zweiten Novemberwoche ließ ihr Appetit wieder nach. Besonders Milch und Milcherzeugnisse mochte sie gar nicht mehr, selbst Kaffee nicht, den sie immer gern getrunken und dem ich reichlich Honig, Sahne und Milch beigefügt hatte.

Sie klagte häufig über Bauchschmerzen und betonte, dass es keine Magenschmerzen seien wie im September.

Da sie am Buß- und Bettag sowieso wieder nach Hannover kommen sollte, weil der Hausarzt vier Tage lang nicht erreichbar war, wollten wir mit Frau Dr. Bergmann darüber sprechen.

Ihr Vater brachte sie morgens in die Klinik und wollte sie am Freitagnachmittag, nachdem sie mit der Infusion versorgt worden war, wieder abholen.

Schwester Gaby half ihr den Koffer zu packen und meinte, sie solle sich vorsichtshalber auf einige Tage in der Klinik einrichten, falls die Ursache für die Bauchschmerzen nicht so schnell zu klären sei.

Ich brauchte sie nicht zu begleiten, sagte sie, weil sie ja alle Schwestern so gut kenne. Sollte sie doch länger bleiben müssen, könnte ich am Sonntag mit dem Zug nachkommen.

Die Untersuchung brachte keine Erklärung für die Bauchschmerzen. Wahrscheinlich könnte der Grund dafür erst in der nächsten Woche festgestellt werden, teilte mir Frau Dr. Bergmann am Telefon mit.

Mit Lone telefonierte ich morgens und abends. Als sie erfuhr, dass sie bis zur nächsten Woche bleiben müsse, bat sie mich, doch zu kommen, am besten mit ihrem Vater, der sie eigentlich am Freitag abholen wollte. Doch Hajo behauptete, er hätte Lone schon gesagt, dass er sie am Freitag nicht holen könne. Nun weinte sie.

Sie bat mich, am nächsten Tag den Zug zu nehmen; Frau Dr. Bergmann habe für mich bereits ein Zimmer bestellt, so dass ich nicht in der Klinik zu übernachten brauchte. Bestimmt könnten wir dann am Dienstag oder Mittwoch zusammen nach Hause fahren. Aber bis dahin wolle sie nicht allein sein.

Sie hatte zudem noch eine bittere Erfahrung machen müssen: Es gab Menschen, die nichts mit ihr zu tun haben wollten.

Weil ich ja nicht in ihrem Zimmer wohnte, hatte man sie mit einem anderen Mädchen zusammengelegt, damit sie nachts nicht allein war. Als aber die Eltern des Mädchens von ihrer Krankheit erfuhren, bestanden sie darauf, dass Lone in ein anderes Zimmer verlegt wurde, obwohl sie sich mit ihrer Bettnachbarin so gut verstand.

Nicht nur Lone war darüber traurig, auch die Bettnachbarin. Die Ärzte und Schwestern versuchten, die ängstlichen Eltern zu überzeugen, dass ihrem Kind von Lone keine Gefahr drohe. Umsonst.

Ich packte nun wieder meinen Koffer, nahm aber nur wenige

Sachen mit. Länger als bis zum nächsten Mittwoch würde es sicher nicht dauern.

Dass ich jetzt in der Elternherberge wohnen konnte, war natürlich wesentlich angenehmer für mich. Ich hatte ein richtig bequemes Bett, Bad und Dusche, und sogar einen kleinen Herd gab es hier. So war der häufige Aufenthalt in der Klinik besser zu ertragen.

Mein Appartement lag so, dass Lone und ich uns durch die Fenster zuwinken konnten. Wenn ich sah, dass morgens Licht in ihrem Zimmer war, wusste ich, dass sie ausgeschlafen hatte, und ging los, um mit ihr zusammen zu frühstücken, und abends verließ ich sie erst, wenn sie eingeschlafen war.

Mit der Entlassung am Mittwoch wurde es nichts, es schien fast so, als müsste Lone noch viel länger bleiben. Ich fuhr also noch einmal nach Hause, um weitere Kleidung zu holen und – was für Lone besonders wichtig war – den Videorekorder.

Zu Hause angekommen, erhielt ich einen Anruf von Frau Dr. Bergmann: Ich könne mir Zeit lassen, es gebe für Lone wirklich eine ganze Menge Spannendes. Sie müsse auch nicht mehr im Bett liegen. Anfang der Woche werde sie sogar einen besonders interessanten Tag erleben: Der Privatsender, der die Schottlandreise schenken wollte, habe nun eine andere Spende zur Verfügung gestellt – einen Rundflug über Hannover mit Besichtigung des Flugplatzes und des Kontrollturms mit anschließendem Essen in einem guten Restaurant, alles für zwei Personen.

Lone durfte sich jemanden als Begleitung wählen und fragte Frau Dr. Bergmann, ob sie mitkäme.

Ich brauchte also frühestens am Mittwochabend wieder in der Klinik zu sein.

Lone freute sich riesig auf den Flug und alles, was sie sehen und erleben würde. Immer wieder erzählte sie jedem, dass sie ja ein Wunschkind sei und darum seien auch so viele Leute – eigentlich fast alle, die sie kenne – so nett zu ihr.

Schon vor längerer Zeit hatte ich ihr erzählt, wie sehr ihre

Mutter sich auf sie gefreut und wie viele Schwierigkeiten sie auf sich genommen hatte, damit Lone überhaupt geboren wurde.

Davon war sie sehr beeindruckt. Das Wissen, gewollt zu sein, trug wohl viel dazu bei, dass sie eine so positive Lebenseinstellung hatte, trotz aller leidvollen Erfahrungen.

Ich hatte ihr eine Musikkassette mit Liedern von Jürgen Werth geschenkt, und eins gefiel ihr besonders gut:

> »Vergiss es nie: Dass du lebst, war keine eigene Idee,
> und dass du atmest kein Entschluss von dir.
> Vergiss es nie: Dass du lebst, war eines anderen Idee,
> und dass du atmest, sein Geschenk an dich.
> Du bist gewollt, kein Kind des Zufalls,
> keine Laune der Natur,
> ganz egal, ob du dein Lebenslied
> in Moll singst oder Dur.
> Du bist ein Gedanke Gottes – ein genialer noch dazu,
> Du bist du, das ist der Clou, ja, du bist du!«

Die Kassette hörte sie immer und immer wieder, besonders gern abends vor dem Einschlafen. Dann sang sie kräftig mit. Sie sang überhaupt sehr viel, und dieses Lied mochte sie besonders. Es entsprach einfach ihrem Empfinden, ihrer eigenen Daseinsfreude und lebensbejahenden Einstellung. Wenn es dann noch solche überraschenden Geschenke für sie gab, sah sie darin die Bestätigung, dass sie etwas ganz Besonderes war. Alles andere schien für sie gar nicht zu zählen – nicht einmal die Krankheit.

Frau Dr. Bergmann und Lone waren abends noch nicht vom Flugplatz zurück, als ich in der Klinik ankam. Die Schwestern erzählten mir, dass die beiden schon vor dem Flug völlig aufgedreht und total aus dem Häuschen gewesen seien und die ganze Kinderklinik in Aufruhr versetzt hätten.

Lone war noch einige Tage lang der Star der Medizinischen Hochschule. Überall musste sie von ihrem Rundflug erzählen, und sie ließ sich nicht zweimal bitten. Sie konnte alles enorm spannend und detailreich schildern, unterstrich ihre Berichte mit Mimik und Gestik und ahmte dabei Stimmen oder Dialekte nach. Man hörte ihr gern zu.

Am 6. Dezember ging der Nikolaus durch alle Zimmer und brachte jedem der jungen Patienten ein Geschenk. Alle, die aufstehen durften, folgten ihm begeistert singend und klatschend, bis er die Station wieder verlassen hatte.

Lone meinte, dass eigentlich auch die Schwestern etwas vom Nikolaus bekommen müssten, weil sie sich immer so freundlich um die Kinder kümmerten. Mit Gaby, der Beschäftigungstherapeutin, überlegte sie, wie man auch die Schwestern überraschen und beschenken könnte. Gaby meinte, dass Lone im Nikolauskostüm zu ihnen gehen solle. Die Idee gefiel Lone.

Sie wartete bis zum Schichtwechsel, damit möglichst viele Schwestern anwesend waren. Dann zog sie in dem viel zu weiten, roten Mantel mit dem struppigen, weißen Bart, der schrillen Glocke und dem mit Süßigkeiten gefüllten Sack ins Schwesternzimmer. Die Überraschung war perfekt.

Sogar die Schwestern von der Nachbarstation kamen herüber, um an dem Spaß teilzunehmen. Und noch lange danach wurde darüber geschmunzelt, wie der zierliche Nikolaus, der Mühe hatte, nicht über den Saum des viel zu großen und langen Mantels zu stolpern, mit heller Stimme die Schwestern gefragt hatte, ob sie auch immer artig waren.

Noch einmal fuhr ich nach Hause und bastelte einen Adventskalender, so dass Lone jeden Tag ein Päckchen öffnen konnte. Christine brachte ihr ein Adventshäuschen, das mit einer Kerze beleuchtet wurde. Und sogar eine ehemalige Klassenlehrerin schickte ihr ein Päckchen. So zog auch im Krankenzimmer ein wenig Vorweihnachtsstimmung ein.

Von Hansie aus Schottland bekam Lone einen ganz liebevollen Brief und ein Paar Koalabärchen, die sich herzlich umarmten. Hansie schrieb dazu, dass sie Lone so gern umarmt hätte, wenn ein Besuch möglich gewesen wäre.

In der zweiten Dezemberwoche besuchte Hajo sie und hatte sogar so viel Zeit, dass er mit ihr zum Essen zu McDonalds gehen konnte. Darüber freute sie sich besonders. Warum kam er nur nicht öfter?

Am dritten Adventssonntag lud Frau Dr. Bergmann uns beide zum Essen ins Chinarestaurant ein und bummelte anschließend mit uns über den Weihnachtsmarkt, wo Lone für alle Geschenke kaufen konnte. Sie hielt fast zwei Stunden aus und ließ sich nicht anmerken, wie anstrengend das für sie war.

Leider gab es immer mehr Schwierigkeiten, den Dreiwegehahn zu legen. Lones Venen waren so schlecht, dass sie nur wenige Infusionen überstanden, bevor ein neuer Zugang notwendig wurde. Dafür eine Vene zu finden, wurde auch immer komplizierter. Darum besprach Lone mit Frau Dr. Bergmann, sich operativ einen Venenkatheter legen zu lassen, so wie Elke ihn gehabt hatte. Frau Dr. Bergmann hielt es nicht für erforderlich, das noch vor Weihnachten durchzuführen. Wenn Lone nicht zweimal täglich Infusionen bekam wie hier in der Klinik, sondern nur noch dreimal in der Woche vom Hausarzt, müsste es bis nach Weihnachten ohne Katheter gehen. Sicher dachte Frau Dr. Bergmann dabei auch an die erhöhte Entzündungsgefahr.

Einmal durfte Lone vor Weihnachten noch nach Hause fahren, leider nur für wenige Tage.

Sie verabredete sich gleich mit Tanja und wollte auch Evi besuchen, doch dann bekam sie wieder sehr starke Bauchschmerzen, musste ständig brechen und hatte hohes Fieber. Frau Dr. Bergmann holte sie sofort in die Klinik zurück. Aber trotz aller Bemühungen ließen weder die Bauchschmerzen noch das Fieber nach.

Lone gab die Hoffnung auf, Weihnachten noch mit uns zu

feiern. Dennoch wollte sie unbedingt, dass ich alleine nach Hause fuhr.

»Ich bin hier so gut aufgehoben, fast so gut wie zu Hause. Ich glaube, es wird auch ganz schön sein, wenn ich mit den Schwestern Weihnachten feiere.«

Wenn ich ehrlich war, machte es mich sehr traurig, dass Lone nicht einmal mehr daran interessiert zu sein schien, mit uns zu Hause Weihnachten zu feiern. Glaubte sie, es sowieso nicht mehr zu erleben? Oder war es Rücksichtnahme uns gegenüber? Dachte sie daran, wie alle vor kurzem über ihr Aussehen erschrocken waren?

»Falls du wirklich zu Weihnachten nicht nach Hause kannst, dann komme ich natürlich hierher. Ich könnte doch nicht ohne dich mit den anderen feiern. Glaubst du wirklich, ich würde dich ausgerechnet zu Weihnachten hier allein lassen? Ich fahre jetzt nach Hause, um die Geschenke für dich zu holen, aber ich komme sofort zurück.«

Als Frau Dr. Bergmann kam, fragte ich sie, ob Lone hier bleiben müsse. Dann würde ich jetzt heimfahren und noch Vorbereitungen für das Fest mit Lone hier in der Klinik treffen. Aber Frau Dr. Bergmann meinte, dass Lone bestimmt nach Hause fahren könne. Erst am zweiten Weihnachtstag solle sie wiederkommen, weil dann wieder Infusionen nötig seien und der Hausarzt Urlaub mache. Ich solle aber ruhig und ganz unbesorgt fahren, damit ich zu Hause noch etwas vorbereiten könne. Lone würde mit Christine oder dem Krankenwagen ganz bestimmt am Tag vor Weihnachten nachkommen.

Ruhig und ganz unbesorgt sollte ich fahren! Und das, obwohl es Lone so schlecht ging wie nie zuvor. Sie hatte schlimmen Durchfall, seit Tagen hohes Fieber und erbrach ständig, wobei nur noch Galle kam. Nein, so konnte ich sie nicht allein lassen.

Doch am Nachmittag sank das Fieber etwas, der Durchfall ließ nach, und ich wagte doch zu fahren. Auch Lone wünschte sich das. »Du wolltest doch auch noch Plätzchen backen für die

Schwestern. Damit musst du schon bald anfangen, sonst schaffst du das nicht mehr«, meinte sie, und schweren Herzens machte ich mich auf den Weg.

Der Abschied von Lone fiel mir sehr, sehr schwer. Würden wir uns noch einmal sehen?

Noch vier Tage bis zum Heiligen Abend. – Immer wieder stiegen mir während der Fahrt Tränen in die Augen. Nach der Ankunft in der Wohnung griff ich zuallererst zum Telefon.

Lone meldete sich nicht! Ich ließ es sehr lange klingeln, aber niemand nahm ab. War sie vor Erschöpfung so fest eingeschlafen, dass sie das Telefon nicht hörte? Oder . . .

Aber vielleicht hatte ich in der Aufregung auch eine falsche Nummer gewählt? Ich versuchte es noch einmal.

Nach mehrmaligem Läuten wurde abgenommen. Ich konnte es kaum glauben: Lone meldete sich mit einer so fröhlichen Stimme, wie ich sie schon lange nicht mehr gehört hatte: »Mir geht's prima, Omi! Ich hab' mir eben was zu essen von den Schwestern geholt. Bald nachdem du weg warst, wurde es besser. Jetzt hab' ich Appetit auf was Leckeres. Hast du schon mal angerufen? Ich war 'ne ganze Weile bei den Schwestern. Weißt du, ich glaube, dass wir uns gegenseitig mit unseren Sorgen krank machen. Du sorgst dich um mich, ich sorge mich um dich, und da geht's uns beiden immer schlechter. Es ist gut, dass du nach Hause gefahren bist. Ich werde sicher zu Weihnachten kommen können. Ich muss ja noch die Geschenke verpacken. Am Heiligen Abend feiern wir doch bei Roland? Ich freu mich schon!«

Ich fühlte mich wunderbar! Es gab noch so viel vorzubereiten, aber jetzt lief alles wie am Schnürchen.

Ich backte die Plätzchen, die Christine den Schwestern auf Lones Station mitbringen sollte und bereitete noch einige zusätzliche Überraschungen vor.

Die Geschenke für die Familie hatte ich auch noch nicht eingepackt. Ich wusste gar nicht, womit ich anfangen sollte, aber schließlich wurde ich doch fertig – lange nach Mitternacht.

Beim Einpacken von Lones Geschenken hatte ich große Schwierigkeiten, die Bänder zu binden und die Schleifen anzubringen. Ich wusste, dass es das letzte Mal sein würde, dass wir zusammen Weihnachten feierten. Es tat so weh.

Immer wieder betete ich: »Herr, gib mir für die letzte Wegstrecke mit Lone noch so viel Kraft, dass ich es durchstehe, dass ich mit meiner Traurigkeit nicht auch sie noch belaste.«

Am 23. Dezember brachte Christine Lone nach Hause. Sie hatte die Fahrt einigermaßen gut überstanden, wollte sich aber doch gleich hinlegen. Sie freute sich auch auf ihr Bett und auf vieles, was zu Hause doch angenehmer war als in der Klinik.

Die Medikamente, die sie jetzt schlucken musste, weil sie keinen Tropf hatte, versuchte sie, ohne sie vorher zu zerkleinern, als Kapseln oder Tabletten zu nehmen, und weil es ihr nach einigen Versuchen so gut gelang, wünschte sie sich eine Belohnung: Das Geschenk, das ihr Frau Dr. Bergmann mitgegeben hatte und das sie eigentlich erst Weihnachten öffnen sollte, ließ ihr keine Ruhe.

»Darf ich es jetzt schon aufmachen?«, fragte sie. Wer hätte ihrem bittenden Blick widerstehen können? Wer konnte sagen, was morgen sein würde? Wir standen in einem Wettlauf mit der Zeit, die Lone noch zur Verfügung stand und die stündlich zu Ende gehen konnte.

Und dann war sie schlichtweg begeistert: eine Barbie-Puppe im Reitdress und mit einem ganz schicken Abendkleid! Da hatte Frau Dr. Bergmann tatsächlich etwas gefunden, was Lone besonders großen Spaß machte und womit sie auch im Bett spielen konnte.

Beim Einpacken ihrer Geschenke, die sie auf dem Weihnachtsmarkt gekauft oder zum Teil selbst angefertigt hatte, wie die Seidenkrawatten für Roland und ihren Vater, musste ich ihr helfen. Dazu reichten ihre Kräfte nicht mehr aus, obwohl sie liebend gern Geschenke einpackte.

Ich machte mir viele Gedanken, wie wir den Heiligen Abend durchstehen würden. Ich fürchtete mich vor dem Fest. Aber dann sorgten die beiden Kinder von Roland dafür, dass die Atmosphäre nicht allzu bedrückend wurde.

Lone, die ja viel Übung darin hatte, sich möglichst wenig anmerken zu lassen, wenn es ihr schlecht ging, spielte mit ihren kleinen Cousinen, half ihnen dabei, ihre Geschenke auszupacken und zusammenzubauen, soweit das erforderlich war, und hielt tapfer durch bis nach dem Abendessen. So ging auch dieser Abend vorüber.

Nein, nachdenken wollte ich lieber nicht, schon gar nicht darüber, was morgen und übermorgen kommen würde.

Am Weihnachtstag durfte Lone mit ihrem Bruder und der neuen Familie ihres Vaters zu den Großeltern nach Hamburg fahren. Hajo hatte zwar Bedenken geäußert, ob das nicht zu anstrengend für sie sei, aber Frau Dr. Bergmann zerstreute diese ganz entschieden: Wenn es Lone Freude machte, dann solle sie auf jeden Fall mitfahren, selbst wenn es anstrengend sei und sie wieder Fieber bekommen würde. Nur nichts unterlassen, woran sie Spaß haben könnte, daran sollten wir alle jetzt denken.

Doch immer häufiger wurde ein Spaß nun am Ende zu einer Enttäuschung. So war es auch am Silvesterabend, als wir mit Evi essen gingen. Obwohl Lone sich so viel von dem Abend versprochen hatte, konnte sie doch nichts von den leckeren Sachen essen.

An einem anderen Abend im neuen Jahr wollte sie es noch einmal versuchen. Griechisches Essen hatte sie immer sehr gemocht. Aber jetzt fror sie fürchterlich, legte ihre eiskalten Füße unter dem Tisch auf meinen Schoß, damit ich sie massieren und wärmen sollte, und in dem sonst so begehrten Essen stocherte sie nach einem Bissen herum, als ob es absolut ungenießbar wäre.

Lone wollte nach Hause, so schnell wie möglich, und ging auch sofort mit einer Wärmflasche ins Bett.

»Das war vielleicht ein Reinfall«, stellte sie enttäuscht fest.

Vergeblich zählte ich alle ihre Lieblingsgerichte auf, in der Hoffnung, dass sie dabei Appetit bekäme, aber auf nichts hatte sie noch Lust.

Manchmal machte ich es wie bei einem Baby: Ein Löffelchen für Evi, eins für Ole, eins für Oma ... Zwei- oder dreimal gelang es mir sogar, dass sie auf diese Weise ein kleines Schüsselchen mit Haferflocken und Milch aß oder auch einen Zwieback, eingetaucht in Kaffee. Aber das waren schon ungeahnte Höhepunkte.

»Auf Nuggets hätte ich mal Lust«, überlegte sie, und ich war wie der Blitz in der Stadt, um welche zu besorgen. Aber wenn die Schwester ihr dann nicht gut zugeredet hätte und selbst bereit gewesen wäre, mit ihr »um die Wette zu essen«, hätte sie auch davon kaum ein Stückchen genommen.

Anfang Januar, als Lone wieder zu einer Untersuchung in die Klinik kommen sollte, gab es Glatteis und Schneematsch, so dass die Fahrt sich schier endlos hinzog. Es wurde ein furchtbar langer und anstrengender Tag für uns beide. Wir waren zwölf Stunden unterwegs und nahmen uns fest vor, dass wir unter solchen Wetterbedingungen nicht noch einmal fahren würden.

Ab Mitte Januar mochte Lone nicht mehr zum Hausarzt gehen, um die Infusionen zu bekommen. Sie wollte gar nicht mehr aufstehen. Die Einstiche wurden immer schmerzhafter und unangenehmer. Obwohl die Infusionen sicher hilfreich waren, fragte ich mich, ob man ihr die Schmerzen und Unannehmlichkeiten noch zufügen sollte. Wenn sie nicht zum Arzt gehen wollte, versuchte ich auch nicht, sie dazu zu überreden. Zu gut verstand ich, dass sie keine Lust mehr hatte.

Auch Schwester Gaby, die sie in dieser Zeit betreute, war mit ihrer Entscheidung einverstanden, besprach aber mit dem Arzt, dass es wohl besser sei, wenn Lone jetzt einen Venenkatheter bekäme. Auch Frau Dr. Bergmann befürwortete das und gab uns einen Termin für die Operation.

Ob ich mitkommen wolle? Natürlich wollte ich! Viel Zeit würde uns beiden nicht mehr bleiben. Da wollte ich Lone auch für zwei Tage nicht allein lassen.

Einige Stunden nach dem Eingriff hatte Lone noch starke Schmerzen. Aber alle bemühten sich um sie, damit sie schnellstens nach Hause fahren konnte. Niemand versuchte, sie durch den Katheter nun auch künstlich zu ernähren. Ihr Wunsch wurde ernst genommen.

Schließlich war Lone sehr froh, den Zugang zu haben. Nun brauchte sie nicht mehr gestochen zu werden und sie konnte im Bett bleiben. Der Arzt kam jeden zweiten Tag, um nach ihr zu sehen, und Schwester Gaby kannte sich gut genug aus, um die Infusion selbst anzuschließen. Meist schlief Lone danach gleich wieder ein.

Tanja besuchte sie fast täglich. Sie war unglaublich geduldig und blieb auch freundlich, wenn Lone starke Schmerzen hatte und darum schlecht gelaunt war. Sehr einfühlsam bemerkte sie, wenn es Lone so schlecht ging, dass sie lieber allein sein wollte.

Mit Tanja sprach Lone auch darüber, dass sie bald sterben werde. Vielleicht könnte sie es noch bis zu ihrem vierzehnten Geburtstag schaffen?

Tanja sollte sich von ihren Porzellanpuppen die aussuchen, die ihr am besten gefiel. Die anderen hatte Lone in ihrem Testament ihrer Tante Evi vermacht. Sie hatte dafür eine ganz sachliche Begründung: »Evi verdient nicht viel, aber für ihre Tiere braucht sie doch eine ganze Menge Geld, besonders, wenn noch ein Pferd oder Hund krank wird. Wie soll sie das immer bezahlen? Die Porzellanpuppen verlieren ihren Wert ja nicht, und wenn sie dann mal ganz dringend Geld braucht, kann sie sie verkaufen.«

Mit dem Testament zog sie einen nüchternen, klaren Schlussstrich unter ihr kurzes Leben. Sie zeigte es mir, nachdem sie es geschrieben hatte, und wollte wissen, ob es so gültig sei. Mit großer Betroffenheit sah ich sie an und umarmte sie, während sie leise sagte, als wolle sie mich damit trösten: »Man muss ja nicht gleich sterben, wenn man ein Testament gemacht hat, oder? Ein bisschen möchte ich schon noch bei euch bleiben.«

Bei diesem Testament erschütterte mich am meisten die Verfügung, die sie über ihr Lieblings-Schmusetier, den Hasi-Regenbogen, traf, den sie zu ihrem fünften Geburtstag von Hilde geschenkt bekommen und der sie immer und überall, selbst im OP begleitet hatte: »Hasi-Regenbogen soll mit in mein Grab.«

Früher hatte sie häufiger gesagt, dass Hasi mit in den Himmel müsse, sonst wolle sie auch nicht dahin, aber nun sah sie als nächstes nicht den Himmel, sondern ganz realistisch das Grab.

Wenn ich oft lange auf ihrem Bettrand saß und ihre dürren Beine sanft streichelte, was sie besonders mochte, sprach sie immer häufiger über ihren Tod: »Es ist wirklich unheimlich gut, dass ich eine Oma habe, die an Gott glaubt«, sagte sie und fügte hinzu: »Ich bin sicher, dass wir uns im Himmel wiedersehen. Du musst nicht traurig sein, Oma. Na ja, ich weiß schon, dass du es doch sein wirst, weil du mich lieb hast und dann so allein bist. Ich denke manchmal darüber nach, was aus dir wird, Oma. Bleib' lieber nicht in dieser Wohnung. Wenn du mal die Treppe runterfällst, merkt es kein Mensch. Vielleicht wäre es besser, wenn du zu Evi ziehen würdest oder zu Roland.«

Dass Menschen über ihren Tod traurig sein würden, die sie niemals traurig sehen wolle, erwähnte sie oft.

Manchmal hatte ich den Eindruck, dass sie wünschte, möglichst bald sterben zu können, dass sie aber der Gedanke an unsere Trauer schreckte.

Ich dachte an einen Bibeltext aus dem Philipperbrief, in dem Paulus solche ähnlichen Gedanken ausdrückt:

»Ich habe Lust, aus der Welt zu scheiden und bei Christus zu sein, was auch viel besser wäre; aber es ist nötiger, im Fleisch zu bleiben, um euretwillen.« (Phil. 1,23–24)

Aber es war nicht richtig, dass sie Enttäuschung um Enttäuschung erlebte und weiter litt, nur damit sie noch länger bei uns blieb.

In unseren Gesprächen versuchte ich deshalb, ihr zu zeigen, dass ich sie loslassen wollte, wann immer sie uns verlassen würde. Ich erzählte ihr, wie Jesus mit seinen Jüngern gesprochen hatte, als sein Tod kurz bevorstand: »Wenn ihr mich lieb hättet, würdet ihr euch freuen, dass ich zum Vater gehe« (Joh. 14,28).

Ich versuchte Lone diesen Satz zu erklären: »Ich werde zwar traurig sein, wenn du nicht mehr da bist, aber ich weiß doch, wie sehr du leidest, und will nicht, dass es noch länger dauert; ich hab dich doch lieb.«

Für Montag, den 13. Februar, war Lone in die Klinik bestellt worden, doch ab dem Mittwoch der vorhergehenden Woche ging es ihr so schlecht, dass ich den Termin absagte. Sie hatte hohes Fieber, das sich weder durch Zäpfchen noch Wadenwickel beeinflussen ließ. Nicht einmal ihre Lieblingsserie im Fernsehen wollte sie sehen. Wie sollte sie da die anstrengende Fahrt nach Hannover machen?

Frau Dr. Bergmann hatte Verständnis dafür und sagte sofort, dass sie dann am Montag zu uns kommen würde, um Lone einmal zu Hause zu besuchen.

»Klasse!«, freute Lone sich, als ich es ihr erzählte.

Einer ihrer Lehrer besuchte sie. Lone nahm sich sehr zusammen und konnte sich so eine Weile mit ihm unterhalten. Aber es war deutlich, dass auch eine einfache Unterhaltung schon ihre ganze Kraft erforderte.

In der Nacht von Donnerstag auf Freitag setzte sehr heftiger Durchfall ein, der uns beide bis zum Morgen wach hielt. Zuerst wollte Lone sich von mir nicht helfen lassen, aber sie schaffte es dann doch nicht allein.

Als schließlich Schwester Gaby kam, besorgte sie zuerst Windeln und Einlagen und löste mich dann an Lones Bett ab.

Ich war nach der durchwachten Nacht vollkommen zerschlagen und wusste gleichzeitig, dass an diesem Tag noch viel mehr von mir gefordert werden würde. Ich hatte Angst vor dem, was geschah, und schlug meine Bibel auf. Ich fand den 86. Psalm, den ich tief im Innern mitempfand:

»Herr, ich bin arm und hilflos;
höre mich und gib mir Antwort!
Du, mein Gott, ich verlasse mich auf dich!
Den ganzen Tag schreie ich zu dir;
hab Erbarmen mit mir, Herr!
Auf dich richte ich mein Herz und meinen Sinn!
Herr, du bist freundlich und bereit, Schuld zu vergeben;
voll Güte begegnest du allen, die zu dir beten.
Darum höre jetzt meine Bitte;
Herr, achte auf meinen Hilferuf!
In meiner Not schreie ich zu dir;
du wirst mir Antwort geben.«

Herr, es ist so schwer, von einem Menschen Abschied nehmen zu müssen, den man liebt. Schenke mir Kraft dazu, ich warte auf deine Hilfe!

Nachdem ich mich etwas beruhigt hatte, versuchte ich zu essen, brachte aber keinen Bissen herunter.

Dann kam Hilde. Sie schien mir wirklich ein Geschenk des Himmels zu sein, geschickt, um mich von meinen finsteren Gedanken etwas abzulenken. Sie hatte noch nicht gefrühstückt und als ich ihr nun etwas hinstellte, konnte ich auch ein wenig essen. Danach fühlte ich mich besser.

Weil Lone immer schwerer atmete, bestellt Schwester Gaby ein Sauerstoffgerät und sagte auch dem Hausarzt, wie es um sie stand.

Er kam am Nachmittag und gab uns seine Privatnummer, weil abends der Wochenenddienst begann, er aber nicht wollte, dass ein fremder Arzt Lone in ihren letzten Stunden betreuen sollte. Ich war ihm sehr dankbar dafür.

Als Hajo anrief, um zu fragen, ob er uns am Montag nach Hannover fahren solle, sagte ich ihm, wie schlecht es seiner Tochter ging und dass ich sie in der Klinik abgemeldet hätte.

»Dann werde ich sie am Montag besuchen. Den Tag habe ich mir ja sowieso schon freigenommen.«

»Er sollte heute noch kommen!«, rief Schwester Gaby.

Jetzt begriff Hajo. Er kam gleich nach Büroschluss.

Lone freute sich sehr. Der quälende Husten und auch der Durchfall hatten nachgelassen und sie konnte sich eine ganze Weile mit ihrem Vater unterhalten. Er legte ihr zum Sitzen Stützen in den Rücken und nahm sie wieder weg, wenn sie müde war und liegen wollte. Ich freute mich mit ihr über diesen Besuch.

Am Abend kam der Arzt noch einmal und gab Lone eine Beruhigungsspritze. Sie war nach der letzten Nacht so müde, dass sie nur noch schlafen wollte, doch immer, wenn sie fast eingeschlafen war, weckte sie der Husten wieder. Nach der Spritze hoffte sie, endlich schlafen zu können. Doch der Arzt war kaum gegangen, da wurde sie noch unruhiger und weinte verzweifelt:

»Der Arzt hat mir was Falsches gegeben. Ich bin jetzt erst richtig wach. Und ich will doch nur schlafen. Ruf ihn noch mal an, dass er mir irgendwas anderes spritzt.«

Jetzt war ich froh, dass wir die Nummer hatten. Er wollte zwar nach zwei Stunden ohnehin noch einmal kommen, aber es wäre ein qualvolles Warten für das Kind gewesen.

Nun gab er ihr Morphium und meinte, dass sie danach einige

Zeit schlafen würde und dass er spätestens nach zwei oder drei Stunden wiederkommen wolle, um ihr, falls nötig, eine weitere Spritze zu geben.

Schwester Gaby war inzwischen nach Hause gegangen, hatte aber eine Nachtschwester bestellt, die nun vom Arzt die Empfehlung bekam, Lone keinen Sauerstoff zu geben, falls sie Atemnot hätte, und auch nicht den Schleim abzusaugen. Wir müssten das jetzt durchstehen, denn durch jede Hilfe würden wir Lones Sterben nur verlängern.

In mir schrie es: »Nein! Herr, das kann ich nicht! Ich kann nicht zusehen, wie sie qualvoll erstickt. Bitte, bitte, erbarm dich über Lone und über mich! Ich bin am Ende meiner Kraft.«

Nach der Spritze schlief Lone bald ein. Ich blieb an ihrem Bett und beobachtete sie besorgt. Wenn sie nur keinen Hustenanfall bekam! Wir sollten ihr ja nicht helfen.

Hilde war gegangen, wollte aber wiederkommen. Auch Hajo war für einige Zeit nach Hause gefahren.

Lone schlief ganz ruhig. Kein Röcheln, kein Husten, kein Ringen nach Luft. Ihr Atem wurde immer flacher, ruhiger. Dann ein tiefes, befreiendes Ausatmen, es war vorbei.

Ganz friedlich und entspannt lag sie da. Ein fast schelmisches Lächeln lag auf ihrem Gesicht. Hatte sie wieder die Engel gesehen, die im vergangenen Jahr gegen die Viren gekämpft hatten, damit sie noch nach Paris fahren konnte?

Herr, du hast deinen Atem weggenommen. Du hast ihr und mir das Schlimmste erspart. Danke dafür! Danke, dass ich bis zum Schluss bei ihr bleiben konnte. Danke, dass du ihren Wunsch erfüllt hast, zu Hause sterben zu dürfen und dass ihr Vater noch einige Stunden für sie Zeit hatte und ihr damit eine so große Freude gemacht hat.

Ihren vierzehnten Geburtstag hatte Lone nicht ganz erreicht. Drei Wochen waren es noch bis dahin. Aber so war es besser für sie – und auch für mich.

Hilde kam wenig später zurück und half der Nachtschwester, Lone zu waschen und anzuziehen. Sie legte ihr auch den Hasi-Regenbogen in den Arm, ihrem Wunsch entsprechend.

Dann kam unser Hausarzt mit seiner Frau. Beide waren an diesem Abend bei einer Chorprobe gewesen.

»Wir haben das Lied: ›Zu diesen schönen Höhen‹ gesungen und dabei habe ich an Lone denken müssen«, erzählte mir die Frau mit großer Anteilnahme.

Schließlich kam auch Hajo noch zu uns.

Wir saßen lange zusammen und sprachen darüber, wie reich wir durch dieses Kind, durch seine lebensbejahende Art beschenkt worden waren. Sie hatte das Leben derer bereichert, die es ein Stück weit mit ihr teilen durften. Sie war ein Geschenk Gottes gewesen – für viele von uns und für mich ganz besonders.

Warum sollt' ich mich denn grämen?

»*Gott wird abwischen alle Tränen von ihren Augen, und der Tod wird nicht mehr sein, noch Leid, noch Geschrei, noch Schmerz wird mehr sein; denn das Erste ist vergangen.*« *(Offenbarung 21,4)*

Gott hatte uns nicht verlassen. Er war uns nahe, auch und besonders in der schwierigsten Zeit.

Lone musste nun nicht mehr leiden. Sie starb mit der Gewissheit, dass wir uns wiedersehen würden. Das war ihr letztes Ziel, darauf konnte sie hoffen, als alle anderen Hoffnungen sich zerschlagen hatten.

Das ist auch mein Ziel, meine Hoffnung. Und das Wort Gottes verspricht mir, dass diese Hoffnung bleiben wird, wie der Glaube und die Liebe, wenn sonst alles vergeht, denn »unsere Heimat ist im Himmel«. Das ist die Zusage dessen, der den Tod überwunden hat, der keine leeren Versprechungen macht.

Ob uns manche Fragen noch beantwortet werden, die wir hier haben, oder ob es uns dann gar nicht mehr interessiert?

Es wird schön sein, Lone wieder zu sehen, ohne dass Schmerzen, Enttäuschungen und Ängste sie noch berühren. Ich freue mich darauf und habe mein Herz schon vorausgeschickt.

Hilde übernachtete bei mir. Sie wollte mich in den ersten Stunden nicht allein lassen, obwohl ich wirklich erstaunlich ruhig war. Ich fühlte mich von einer großen, bedrückenden Last befreit.

Nur vor etwas fürchtete ich mich noch: vor dem Moment, wenn Lones Sarg die Treppe hinuntergetragen würde. Hoffentlich war dann jemand in meiner Nähe, der mich festhalten konnte!

Gott sorgte auch dafür. Zur gleichen Zeit mit dem Leichenwagen kam Lones Lehrer. Er war von einer Klassenkameradin benachrichtigt worden und wusste, dass sie noch zu Hause aufgebahrt war.

Zwei Tage zuvor hatte er Lone noch besucht und sich eine ganze Weile mit ihr unterhalten, ohne zu ahnen, dass er sie danach nicht mehr lebend sehen würde. Nun wollte er endgültig von ihr Abschied nehmen.

Während Hajo mit dem Bestattungsdienst sprach, bat ich den Lehrer ins Wohnzimmer, wo wir uns einige Zeit unterhielten. So bemerkte ich gar nicht, dass Lone inzwischen schon hinausgetragen worden war.

Christines Besuch war schon vor einigen Tagen geplant worden. Sie kam am Samstagmorgen, ohne zu ahnen, dass sie Lone nicht mehr begrüßen konnte. Sie, die jahrelang als Schwester auf der Intensivstation gearbeitet und viele Menschen bis zum Tod begleitet hatte, war wirklich berührt, dass ihre kleine Freundin Lone zu Hause sterben durfte.

Auch sie machte sich Sorgen um mich und bot mir an, bei mir zu übernachten. Doch ich wollte lieber allein sein mit meinen Gedanken und Empfindungen, ich wollte ungestört trauern können. Ich konnte nun loslassen, aber dazu brauchte ich Alleinsein und Stille.

Viele unserer Freunde, auch meine Kinder Roland und Evi hatten befürchtet, dass ich Lones Sterben nicht verkraften und darüber zerbrechen würde. Dabei war es vorher doch viel schwerer gewesen. Die unruhigen, durchwachten Nächte, wenn Husten und Fieber Lone quälten, die Hilflosigkeit gegenüber ihren Schmerzen, der häufige Aufenthalt unter beschwerlichen Verhältnissen in dem engen Krankenhauszimmer und bei alledem das Wissen um die Aussichtslosigkeit der Therapien – das hatte doch sehr viel mehr Kraft erfordert.

Jetzt war das alles vorbei. Zum ersten Mal nach langer, langer Zeit konnte ich vollkommen ruhig sein. Es gab nichts, vor dem ich mich noch fürchtete, ganz anders als bei Elkes Tod, wo so viele Fragen und ungelöste Probleme mich beschäftigt hatten.

Frau Dr. Bergmann kam am Montag, auch wenn sie Lone nicht mehr sehen konnte. So lernte sie auch unseren Hausarzt persönlich kennen, mit dem zusammen sie Lone so lange Zeit behandelt hatte. Und auch an der Beerdigung ihrer jungen Patientin am Dienstag nahm sie teil.

Auch die Anteilnahme vieler anderer Menschen berührte mich sehr. Der kleine Friedhof fasste die Trauergäste kaum, die dem Sarg folgten, der nun ganz in der Nähe von Elkes Grab in die Erde gesenkt wurde. Es war beeindruckend, wie viele Menschen hierher gekommen waren, um Lone noch einmal zu begleiten.

Immer eine gute Freundin zu haben, das hatte sie sich gewünscht. Diesen Wunsch hatte Gott ihr mit Tanja erfüllt, aber wie so oft hatte er überreichlich dazugegeben.

Was war sie für ein Kind gewesen, dass sie in ihrem kurzen Leben so viele Menschen beeindrucken konnte?

Viele fragten, wie sie es ertragen und mit dieser Krankheit umgehen konnte ohne zu klagen, warum sie nicht mutlos wurde angesichts der Gewissheit, dass trotz aller Bemühungen keine Hilfe möglich war und dass der frühe Tod alle Pläne zunichte machen würde. Wie kam es, dass sie sich nicht selbst bemitleidete und darauf wartete, von anderen bedauert zu werden, sondern immer fröhlich, an allem interessiert und darauf bedacht war, jedem gerecht zu werden?

Spürten die Menschen etwas von der geheimnisvollen Kraft, die uns in allen Schwierigkeiten beigestanden hatte und die nicht mit menschlicher Vernunft zu erklären war?

Ein Gebet Karl Rahners war oft auch mein Gebet gewesen, wenn ich mich gefragt hatte, wozu das alles dienen sollte. Ich hatte es nachgebetet und betete es auch jetzt wieder, als ich zur Ruhe kam:

»Lass mein Leid ein Bekenntnis meines Glaubens sein an deine Verheißungen, ein Bekenntnis meiner Hoffnung auf deine Güte und Treue!«
Wenn auch nur einer der Menschen, die uns begegnet waren und uns beobachtet hatten, nun nach dieser Kraftquelle suchte, aus der wir schöpfen konnten, dann war Lones Leben und Leiden nicht umsonst.

Ja, sie war gewollt. Nicht nur ein Wunschkind ihrer Mutter – sie war ein Gedanke Gottes!
»Denn du hast meine Nieren bereitet
und hast mich gebildet im Mutterleibe ...
Deine Augen sahen mich, als ich noch nicht bereitet war,
und alle Tage waren in dein Buch geschrieben,
die noch werden sollten
und von denen keiner da war.« (Psalm 139,13+16)
Er hatte sie nicht nur erdacht und geschaffen, er begleitete sie auch durch ihr kurzes Leben, denn sie sollte erfahren, was sie geglaubt hatte:
»Denn unsre Trübsal, die zeitlich und leicht ist, schafft eine ewige und über alle Maßen gewichtige Herrlichkeit.«
(2. Kor. 4,17)
Die Geschichte dieses Wunschkindes verläuft nun in anderen Bahnen und Dimensionen, aber sie ist nicht zu Ende. In meinen Gedanken suche ich sie und weiß doch, dass ich sie nicht erreichen kann. Ich weiß aber auch, dass sie dort so geborgen ist, wie sie es hier niemals sein konnte.

Erst viele Wochen nach Lones Tod konnte ich weinen. Und ich wusste, dass Gott alle meine Tränen zählt, dass er um meinen Schmerz weiß und mich versteht. Und ich hatte so viel Trauer nachzuholen – die Trauer von mehr als 15 Jahren!
Dass ich immer durchhalten und Geduld haben musste, hatte eigentlich schon mit dem Umzug nach Norddeutschland

begonnen, mit Erhards körperlichen Beschwerden, denen bald die zunehmende geistige Verwirrtheit folgte.

Die letzten Monate seines Lebens waren bereits überlagert von den Sorgen um Elke, die gar kein Ende nahmen. Ich übernahm viele Aufgaben in ihrer Familie und wurde so in Anspruch genommen, dass ich nicht einmal Zeit hatte, um meinen Mann zu trauern.

Dann folgten die Jahre voller Ungewissheit und dramatischer Ereignisse und schließlich Elkes Tod.

Auch da durfte ich meine Trauer nicht zeigen, weil ich es Lone damit noch schwerer gemacht hätte. Nur heimlich, wenn ich an Elkes Grab allein war, liefen die Tränen.

Die vielen unruhigen Nächte und die Sorgen um Lones Gesundheit folgten unmittelbar danach. Und ich hatte niemanden mehr, mit dem ich sprechen konnte, bis Gott mir durch Vermittlung von Frau Dr. Bergmann eine Seelsorgerin schenkte.

Oft hatte ich in meiner Verzweiflung, wenn ich den Leiden Lones so hilflos zusehen musste, gefragt: Hast du uns ganz verlassen, mein Gott? Warum hilfst du Lone nicht? Hat deine Barmherzigkeit doch ein Ende?

Aber seine Barmherzigkeit hatte kein Ende.

Jetzt, nach Lones Tod, suchte ich fast ein Jahr lang nur Stille. Besonders in den letzten Monaten ihres Lebens hatte es so viel Unruhe gegeben. Mein Leben hatte sich zwischen Klinik und Zuhause abgespielt, mit endlosen Fahrten im Auto oder im Zug.

War ich bei Lone in der Klinik gewesen, so hatte ich mit ihr gelitten. War ich für wenige Stunden zu Hause, hatte ich mir Sorgen gemacht und keine Ruhe gefunden, bis ich wieder bei ihr war.

Nun wollte ich nur Ruhe haben, nichts hören und sehen, nicht einmal Nachrichten im Radio oder Fernsehen. Jetzt war ich froh, dass mich selten jemand besuchte außer Evi und Roland mit seiner Familie.

Ich hatte auch keine Lust, aus dem Haus zu gehen und neue Kontakte zu knüpfen. Außerdem war die Enttäuschung, die ich durch Christen erlebt hatte, noch zu lebendig. So scheute ich mich nach wie vor, in die Gemeinde zum Gottesdienst zu gehen.

Lone hatte ab und zu gefragt, ob wir nicht zum Gottesdienst gehen könnten, wenn sie sich stark genug fühlte. Dann hatte ich nach Ausreden gesucht, warum es diesmal nicht so gut passte, um ihr nicht sagen zu müssen, dass sie mit ihrer Krankheit auch in der Gemeinde nicht willkommen war. Ich wollte ihr doch nicht noch mehr weh tun und wusste, dass sie ein feines Empfinden dafür hatte, wenn jemand sie mied.

Hätte ich es nach der negativen Erfahrung im Krankenhaus darauf ankommen lassen sollen, dass sie noch einmal enttäuscht wurde?

Noch heute schmerzen die Wunden, die mir Christen zugefügt haben und ich bitte Gott, ihnen zu vergeben. Sicher wird er auch diese Wunden heilen lassen.

Für mich ist es ermutigend und tröstlich, dass Gott auch mit uns unvollkommenen Menschen weitermacht, dass unser Versagen seine Treue nicht aufhebt, dass er uns und alles, was uns begegnet, mit einfügt in seinen Plan.

Carolyn Martin

Ich kann nicht laufen, darum will ich tanzen

Über dreißig Jahre lang glaubten alle, ich könne nur in einer Anstalt überleben.
Bis ich ihnen bewies, dass sie sich getäuscht hatten ...

288 Seiten, gebunden, ABCteam-Geschenkband,
Bestell-Nr. 111 588

»Ihr Kind ist schwachsinnig, bringen Sie es in eine Anstalt!«
Ein Jahr alt ist Carolyn Martin, als ein Arzt ihrer Mutter diesen Rat gibt. Sie befolgt ihn nicht.
Drei Jahre später erlebt die Familie eine Überraschung: Carolyn lacht, als jemand in ihrer Nähe einen Witz macht. Sollte doch ein Fünkchen Intelligenz in diesem Kind stecken, das keine Bewegung seines Körpers kontrollieren und keinen verständlichen Laut hervorbringen kann?
Carolyns Familie gibt sich alle Mühe, ihr gerecht zu werden, aber bei acht Kindern, einer Schweinefarm und einem Vater, der monatelang durch Alaska zieht, sind die Möglichkeiten, sie zu fördern, sehr begrenzt. Schließlich bringt man sie in ein Heim nach Seattle.
Siebzehn Jahre lang lebt sie zwischen Patienten, deren IQ zum Teil wesentlich niedriger als der ihre liegt und die vor sich selbst und voreinander geschützt werden müssen.
Wie sie selbst zu einem bewussten Leben erwacht, lernt, sich verständlich zu machen und die tausend Hürden des Alltags zu nehmen, wie sie sich äußerlich und innerlich aus dem Heim befreit, einen Schulabschluss macht, ein Studium aufnimmt und (nach fürchterlichen Enttäuschungen) Hilfe bei Christen und schließlich im christlichen Glauben selbst findet, das erzählt dieser erschütternde und zugleich mutmachende Lebensbericht. Sein humorvoller Stil ist nur eins von den Wundern, die dem Leser hier begegnen.

R. BROCKHAUS VERLAG WUPPERTAL